Irland

Die grüne Insel

Martin J. Dougherty

tosa

INHALT

LINKS

Cliffs of Moher

Grafschaft Clare

EINLEITUNG

Als sich die Gletscher nach der letzten Eiszeit zurückzogen, trennte der steigende Meeresspiegel die Landmasse, die heute Irland ist, vom britischen Festland. Diese neue große Insel am westlichen Rand Europas wurde nicht nur durch den Atlantik geformt – er beeinflusst auch das Klima, das von milden Wintern, starken Regenfällen und schweren Stürmen, die gelegentlich vom Meer aus über das Land ziehen, geprägt ist.

Irland ist seit mindestens 12 000 Jahren von Menschen besiedelt. Als das Römische Reich in Europa entstand, war Irland von den Kelten bevölkert, deren gälische Sprache noch heute gesprochen wird. Auch deren Kunst und Musik leben in der modernen Gesellschaft weiter. Irland wurde nie von den Römern erobert und stellte sich erfolgreich den Invasionen von Nordmännern aus Skandinavien und Normannen aus England entgegen. Veränderungen gab es dennoch und die Gesellschaft wurde aufgrund dieser äußeren Umstände beeinflusst. Die keltisch-christliche Kirche blühte ab dem 5. Jahrhundert in Irland auf, wobei traditionelle keltische Motive den Gegenpol zur Förmlichkeit der Mehrheitskirchen bildeten. Das heutige Irland ist Teil der europäischen Gemeinschaft, hat seinen eigenen Charakter aber immer beibehalten.

GEGENÜBERLIEGENDE SEITE

Sankt-Colmán-Kathedrale (Cobh Cathedral)

Cobh

OBEN

Ha'penny Bridge

Dublin

STRÄNDE UND KÜSTEN

Irland liegt am Rande Europas, umgeben von Meeren. Die Westküste ist dem Atlantik zugewandt, die mildere Irische See befindet sich im Osten und die Keltische See im Süden. Letztere sind durch den St.-Georgs-Kanal verbunden, während der Nordkanal die Irische See von den Atlantikküsten Schottlands trennt. In Irland ist man nie weit vom Meer entfernt, die Küsten unterscheiden sich aber erheblich im Charakter. Einige Gebiete sind sandig und erinnern so stark an Nordfrankreich, dass sie in Kriegsfilmen zur Darstellung der Normandie verwendet wurden. Andere Gegenden sind mit Steinen übersät und stellenweise gibt es bedrohliche Klippen. Dies hat viel mit der zugrunde liegenden Felsstruktur Irlands und den vorherrschenden Wetterbedingungen zu tun. Der Felsen, der die Grundlage Irlands bildet, war einst Teil zweier verschiedener Kontinente, die durch driftende Platten zusammengebracht wurden. Der nordwestliche Teil Irlands ähnelt geologisch der Nordamerikanischen Platte, während der südöstliche Teil die Eigenschaften der Europäischen Platte besitzt. Stellenweise gibt es sehr alte Vulkangesteine in der Nähe der Oberfläche, in anderen Gebieten kommt dagegen eher weicherer Kalkstein vor. Die Erosion dieser Gesteine sowie Sedimentablagerungen und die Aktivitäten von Gletschern in der Eiszeit trugen zum vielfältigen Charakter der irischen Küste bei. Viele Strände Irlands wurden mit dem Umweltzeichen „Blaue Flagge" ausgezeichnet, was darauf hinweist, dass sie den strengen Anforderungen an die Qualität des Badewassers und der ordnungsgemäßen Verwaltung des Strandes entsprechen.

GEGENÜBERLIEGENDE SEITE

Achill Island

Achill Island, auch Acaill, liegt vor der Westküste Irlands und ist die größte Insel nach der Hauptinsel selbst. Sie hat einige der höchsten Klippen Europas und ist seit rund 5000 Jahren bewohnt. Heute ist sie durch die Michael Davitt Bridge mit dem Festland verbunden.

Grafschaft Mayo

GEGENÜBERLIEGENDE SEITE

Black Castle

Das Black Castle in Wicklow wurde im 12. Jahrhundert erbaut, um die nahe Küste vor einer Invasion zu schützen. Die Festung am Hafen war zur Landseite gerichtet. Das genaue Datum des Baus ist unbekannt, es ist jedoch sicher, dass es vor 1174 liegt.

Grafschaft Wicklow

UNTEN

Tory Island

Der *Currach* ist ein traditionelles irisches Boot aus einem Holzrahmen, über den Stoff gespannt wird. In der Vergangenheit benutzte man hierzu Tierhäute, heutzutage wird normalerweise Segeltuch verwendet. Das abgebildete Boot liegt am Ufer von Tory Island.

Grafschaft Donegal

UNTEN

Tory Island

Viele Legenden ranken sich um die Insel Tory (Toraigh) vor der Küste der Grafschaft Donegal. Ein sagenhaftes Volk aus der irischen Mythologie, Fomorianer genannt, soll dort seine Festung gehabt haben. Am Ende des Big Key, einem felsigen Vorgebirge, liegt *An Tór Mór* – „der große Turm".

Grafschaft Donegal

GEGENÜBERLIEGENDE SEITE

Keem Bay

Der weiße Sandstrand von Keem Bay liegt an der Südseite des höchsten und westlichsten Bergs von Achill Island, Croaghaun. Die nördlichen Ausläufer bilden mit einer Höhe von 664 m die höchsten Klippen Irlands und die dritthöchsten Europas.

Achill Island, Grafschaft Mayo

LINKS

Brittas Bay

Brittas Bay, einst mit Schmuggel assoziiert, ist heute ein beliebter Erholungsort für die Menschen aus Dublin. An vielen Stränden wurden Rettungsschwimmerstationen errichtet, von denen aber viele nur einen Teil des Jahres besetzt sind. Dies liegt nicht zuletzt daran, dass einige Strände im tiefsten Winter weniger einladend sind.

Grafschaft Wicklow

OBEN

Doolin

Das Doonagore Castle liegt in der Nähe von Doolin in der Grafschaft Clare an der Westküste Irlands, erbaut an der Stelle einer früheren Festung. In einer nahe gelegenen Kalksteinhöhle befindet sich der „Great Stalactite", ein Stalaktit, der mit 7,3 m der längste der nördlichen Hemisphäre sein soll.

Grafschaft Clare

LINKS

Schiffswrack

Die schroffe Küste und das raue Atlantikwetter führen dazu, dass Schiffswracks an der irischen Küste keine Seltenheit sind. Einige sanken in Folge von Kriegen – von spanischen Galeonen bis zum britischen Schlachtschiff *HMS Audacious* –, die meisten fielen jedoch den allgemeinen Gefahren des Meeres zum Opfer.

Irische Küste

UNTEN

Corrib River

Der Corrib River ist zwar kurz, aber tief und bei Wildwasserkajakfahrern beliebt. Die Länge des Flusses beträgt circa 6 km und damit ist er einer der kürzesten in Europa. Der Fluss fließt vom See Lough Corrib im Westen Irlands durch die Stadt Galway und mündet in die Galway Bay.

Grafschaft Galway

RECHTS

Sandycove

Das Forty Foot in der Nähe von Dun Laoghaire ist ein beliebter Badeort, der einst nur Männern vorbehalten war. In der Gegend befand sich schon im Mittelalter, vor den Wikinger-Überfällen, ein Fort. Der Befestigungsturm, 1804 errichtet, wurde nach James Joyce benannt, der hier einst residierte. Heute beherbergt der Turm das James Joyce Museum.

Grafschaft Dún Laoghaire-Rathdown

UNTEN

Rush

Die Region um Rush in der Grafschaft Fingal, ehemals Grafschaft Dublin, ist seit der Steinzeit bewohnt und war möglicherweise ein römischer Außenposten in Irland. Rush ist eine kleine Küstenstadt, die eine der wenigen Städte der historischen Grafschaft Dublin war. Im 18. Jahrhundert wurde die Region mit Schmuggel in Verbindung gebracht, inzwischen ist sie allerdings ein beliebtes Urlaubsziel geworden.

Grafschaft Fingal

GEGENÜBERLIEGENDE SEITE

Ballybunion

Ballybunion liegt an der Westküste Irlands und besitzt eine Reihe von Gezeitenhöhlen entlang seines felsigen Ufers. Es ist ein beliebter Ort zum Surfen, mit zwei Stränden, die als Männerstrand und Frauenstrand bekannt geworden sind. Traditionell waren die beiden Strände durch Klippen getrennt.

Grafschaft Kerry

GEGENÜBERLIEGENDE UND DIESE SEITE

Giant's Causeway

GEGENÜBER Der Giant's Causeway an der Nordküste der Grafschaft Antrim besteht aus Basaltsäulen, die beim Abkühlen von Lava vor etwa 60 Millionen Jahren entstanden sind. Ungefähr die Hälfte der Säulen hat einen sechseckigen Querschnitt, es treten jedoch auch solche mit vier, fünf, sieben oder acht Ecken auf. An der schottischen Küste existieren ähnliche Formationen, die aus demselben Lavafeld entstanden sind.

RECHTS Der Giant's Causeway besteht aus ungefähr 40 000 Säulen, von denen einige 10 bis 12 m hoch sind. Die Gesteinsschicht ist bis zu 25 m dick. Das gesamte Gebiet gehört zum UNESCO-Welterbe und gilt als eines der Naturwunder der Britischen Inseln.

Grafschaft Antrim

GEGENÜBERLIEGENDE SEITE

Baltimore

Das Leuchtfeuer Baltimores liegt an der Südküste der Grafschaft Cork. Die britische Regierung hat es nach der irischen Rebellion von 1798 am Hafen aufgestellt. Das säulenartige Leuchtfeuer trägt den Namen „Baltimore Beacon", wird aber auch „Lots Frau" genannt, nach der biblischen Geschichte von Lot und seiner Frau, die zu einer Salzsäule erstarrt ist.

Grafschaft Cork

UNTEN

Der Leuchtturm von Fanad

Der Leuchtturm von Fanad in der Nähe des Lough Swilly, einer der wenigen Gletscherfjorde Irlands, wurde nach dem Untergang der *HMS Saldanha* im Jahr 1812 erbaut. Das Schiff hatte eine große Menge Goldbarren an Bord, von denen nicht alle geborgen wurden. 300 Menschen starben bei dem Unglück.

Grafschaft Donegal

LINKS

Küste

Der „Wild Atlantic Way" führt auf seinem Weg von der Inishowen-Halbinsel im Norden zur Grafschaft Cork im Süden auch durch die Grafschaft Sligo. Insgesamt erstreckt sich diese irische Küstenstraße auf einer Länge von über 2500 km entlang der Westküste Irlands. Die Küste hier ist eine Mischung aus Tiefland und Bergen, mit vielen Inseln direkt vor der Küste.

Grafschaft Sligo

OBEN

Kinvara

Galway Bay ist eine der wichtigsten Wasserstraßen in Irland. Sie ist bekannt für die Galway Hooker, kleine Segelboote, die an die regionalen Gegebenheiten angepasst sind. Dieses Exemplar liegt am Strand in der Nähe von Kinvara, einst eine geschäftige Hafenstadt, die vor allem Algen exportiert.

Grafschaft Galway

UNTEN

Cobh

Zu einer Zeit, als die Stadt noch als Queenstown bekannt war, war in Cobh lange ein wichtiger Hafen für die lokale und internationale Schifffahrt. Von hier aus verließ circa die Hälfte der insgesamt sechs Millionen Emigranten zwischen 1848 und 1950 ihre irische Heimat. Auch die *RMS Titanic* stach von Cobh aus zu ihrer letzten Reise in See. Heute ist der Hafen ein schnell wachsender Containerhafen, in dem auch viele Kreuzfahrtschiffe anlegen.

Grafschaft Cork

Rossbeigh Beach

Der Schoner *Sunbeam* strandete vor über einem Jahrhundert am Rossbeigh Beach. Nachdem die Überreste seit 1903 nur unter der Wasserlinie sichtbar waren, wurden sie 2014 von einem schweren Sturm am Rossbeigh Beach angespült. Das vom Meer lange konservierte Wrack begann nun schnell zu verfallen.

Grafschaft Kerry

LINKS

Cliffs of Moher

Die Cliffs of Moher sind stellenweise über 200 m hoch und ein beliebtes Touristenziel. Außerdem leben hier viele Vogelarten. Das Gelände wurde bereits in der Antike befestigt und in der jüngeren Vergangenheit – während der Napoleonischen Kriege – als Beobachtungspunkt genutzt.

Grafschaft Clare

RECHTS

Küste

Obwohl einige der Strände in der Grafschaft Donegal in der Nähe großer Bevölkerungszentren und damit beliebter Touristenziele liegen, ist ein Großteil der Küste der Region so gut wie menschenleer.

Grafschaft Donegal

UNTEN

Ballintoy

Das Dorf Ballintoy, das einen kleinen Fischerhafen hat, liegt in der Nähe von Ballycastle. Im Laufe der Jahre ging die Population immer weiter zurück, bis schließlich weniger als 200 Einwohner übrigblieben. Berühmtheit erlangte es, als es in dem Fantasy-TV-Drama *Game of Thrones* als pseudomittelalterliche Hafenstadt gezeigt wurde. Die wilde Landschaft anderer Teile Irlands diente anderen Fernseh- und Filmproduktionen als Kulisse, einschließlich der jüngsten *Star-Wars*-Filme.

Grafschaft Antrim

GEGENÜBERLIEGENDE SEITE

Mulranny Bay

Mulranny hat seinen Namen vom gälischen Namen für „Hügel der Farne" und ist berühmt für seine Pflanzenwelt. Die Region ist auch eng mit Grace O'Malley verbunden, einer berüchtigten „Piratenkönigin", die im 16. Jahrhundert irische Aufstände gegen die englische Herrschaft unterstützte.

Grafschaft Mayo

UNTEN

Landschaft

Viele der ländlichen Gebiete der Grafschaft Mayo sind sehr dünn besiedelt. Das Gefühl friedlicher Zeitlosigkeit macht die Gegend bei Wanderern und Naturliebhabern sehr beliebt.

Grafschaft Mayo

RECHTS

Clogher Head

Nach der Landzunge Clogher Head wurde auch das Fischerdorf Clogherhead benannt. Am Clogher Beach findet man auch das einzige vom Strand direkt ins Wasser gelassene Rettungsboot in Irland. Es liegt am Ufer der Irischen See, zwischen Dundalk Bay und der Boyne-Mündung.

Grafschaft Louth

LINKS

Blackrock-Sprungtürme

Die Blackrock-Sprungtürme in Salthill in Galway sind bei Outdoor-Schwimmern sehr beliebt. Bei der jährlichen Charity-Veranstaltung am Weihnachtstag springen viele Mutige ins Meer, um von Sponsoren Geld für wohltätige Zwecke zu sammeln. Auch viele einheimische Schulabgänger tauchen ins kalte Nass hinab, um ihren neuen Status zu symbolisieren.

Salthill, Grafschaft Galway

GEGENÜBERLIEGENDE SEITE

Mussenden-Tempel

Der in den Jahren 1783 bis 1785 als Bibliothek erbaute Mussenden-Tempel entstand im damals populären pseudoklassischen Stil. Seine Position auf den Klippen in der Nähe von Castlerock war bedroht, bis daran gearbeitet wurde, die weitere Erosion der Klippen zu verhindern.

Grafschaft Londonderry

Downpatrick Head

Der spektakuläre 40 m hohe Brandungspfeiler „Dún Briste" in Downpatrick Head bei Ballycastle soll der Legende nach dadurch entstanden sein, dass St. Patrick ihn vom Festland abtrennte, indem er seinen Bischofsstab gewaltsam in den Boden stieß. Er tat dies, um einen örtlichen Häuptling zu verbannen, der sich weigerte, zum Christentum zu konvertieren.

Grafschaft Mayo

OBEN

Dundalk

Der Hafen von Dundalk liegt an der Dundalk Bay, an der Irischen See. Der größte Teil der Bucht ist flach und von Wattflächen und Salzwiesen umgeben. Die maritime Geschichte der Region hat mehr als ein paar Schiffswracks hervorgebracht.

Grafschaft Louth

UNTEN

Roundstone

Das Dorf Roundstone ist als Paradies für Künstler bekannt. Die umliegende Landschaft bietet eine große Vielfalt an Pflanzen und wilden Blumen. Sie wird vom Berg Errisbeg dominiert, welcher von den Spuren der Gletscher aus der letzten Eiszeit gekennzeichnet ist.

Grafschaft Galway

GEGENÜBERLIEGENDE SEITE

Valentia Island

Der Golfstrom erwärmt Valentia Island und bietet ein mildes Klima, das für die üppige Vegetation verantwortlich ist. Menhire und versteinerte Spuren prähistorischer Lebewesen stehen im Kontrast zu einer modernen Wetterstation.

Grafschaft Kerry

LINKS

Fanore Beach

Das Gebiet um Fanore Beach an der Westküste Irlands in der Grafschaft Clare wird seit der Steinzeit von Menschen bewohnt. Die Region war um 7000–8000 v. Chr. ein Zentrum für die Herstellung von Steinwerkzeugen. Gräber und Bauwerke weisen auf eine kontinuierliche Besiedlung hin.

Grafschaft Clare

GEGENÜBERLIEGENDE SEITE

Killary Fjord

Es gibt viele wissenschaftliche Debatten darüber, ob der Killary Fjord tatsächlich ein Fjord ist – manche sagen, er sei der einzige in Irland – oder ein Fjärd. Ein Fjärd unterscheidet sich von einem Fjord dadurch, dass er nicht von steilen Klippen umgeben und auf eine andere Art entstanden ist. Geformt sind beide in ähnlicher Weise. Der Killary Fjord erstreckt sich über rund 16 km bei einer Wassertiefe von 45 m.

Grafschaft Galway

LINKS

Ballynacregga

Das winzige Dorf Ballynacregga liegt am Ufer des Lough Corrib, dem größten See der irischen Republik. Sein Name bedeutet übersetzt „Stadt des Felsens".

Grafschaft Galway

GEGENÜBERLIEGENDE SEITE OBEN

Malin Head

Malin Head auf der Inishowen-Halbinsel ist der nördlichste Punkt des irischen Festlandes. Das Ufer ist von internationalem wissenschaftlichem Interesse, da das Land zuvor von riesigen Eisplatten niedergedrückt wurde und nach deren Schmelzen wieder „emporkam".

Grafschaft Donegal

OBEN

Wurmloch

Das „Wurmloch" *(Poll na bPéist)* ist nach einer Seeschlange der Mythologie benannt. Wasser tritt durch eine Unterwasserhöhle in das natürliche rechteckige Becken ein und sprüht im Takt der Wellen nach oben, obwohl keine sichtbare Verbindung zum Meer besteht. Am *Poll na bPéist* finden Wettbewerbe im Klippenspringen statt.

Aran-Inseln

UNTEN

Hängebrücke auf Carrick-a-Rede

Die heutige Hängebrücke auf Carrick-a-Rede ist eine moderne Kreation. In den letzten drei oder vier Jahrhunderten gab es ähnliche Brücken – manchmal ziemlich waghalsige Konstruktionen. Die Brücke, die ursprünglich für die Lachsfischer gebaut wurde, wird heute von Touristen genutzt, die die Insel besuchen möchten.

Grafschaft Antrim

GEGENÜBERLIEGENDE SEITE

Dunquin Pier

Diese Straße führt nach Dunquin, der westlichsten Siedlung Irlands. Vor der Küste liegen die Blasket Islands, die heute unbewohnt sind, aber einst Heimat einer reichen kulturellen Tradition waren. In diesen anscheinend ruhigen Gewässern erlitten 1588 mehrere Schiffe der spanischen Armada Schiffbruch.

Grafschaft Kerry

UNTEN

Great Blasket Island

Die Blasket Islands wurden 1953 auf Ersuchen der letzten 22 Einwohner evakuiert. Die irische Regierung war zeitweise nicht mehr in der Lage, lebensrettende Dienstleistungen aufrechtzuerhalten und die Einwohner waren regelmäßig vom Festland abgeschnitten, weshalb die Bevölkerung umgesiedelt wurde. In den 1980er-Jahren besetzte eine Gruppe deutscher Aussiedler die Insel, die dort von Kaninchenjagd und Fischfang lebte. Heute werden die Inseln hauptsächlich von Naturliebhabern besucht, die mit der Fähre übersetzen. Die Hütten auf den verlassenen Inseln verfallen zusehends.

Grafschaft Kerry

Malin Beg

Der Silver Strand Beach in Malin Beg an der Westspitze der Grafschaft Donegal ist wegen der Reinheit der hiesigen Gewässer ein beliebter Ort für Taucher. Die Gegend zieht auch andere Outdoor-Sportler an, insbesondere Kletterer und Drachenflieger.

Grafschaft Donegal

LINKS

Portmagee

Portmagee liegt südlich von Valentia Island in der Grafschaft Kerry. Auf den nahe gelegenen Skellig-Inseln – vom Meer aus sichtbar – befand sich einst ein frühchristliches Kloster, das vor allem aufgrund seiner Unzugänglichkeit gut erhalten ist. Die Inseln wurden in den letzten *Star-Wars*-Filmen als Drehort genutzt. Heute sind sie hauptsächlich ein Vogelschutzgebiet.

Grafschaft Kerry

GEGENÜBERLIEGENDE SEITE

Dingle-Halbinsel

Dieses Bild zeigt Sybil Point in der Ballyferriter Bay auf der Dingle-Halbinsel. Die als „Three Sisters" (Drei Schwestern) bekannten Gipfel, die nördlich von Ballyferriter liegen, bilden einen Teil des Bergkamms der Halbinsel.

Grafschaft Kerry

DIESE UND GEGENÜBERLIEGENDE SEITE

Dingle-Halbinsel

LINKS Dingle, das sich auf der gleichnamigen Halbinsel befindet, wurde von normannischen Invasoren erbaut. Der Hafen war damals ein wichtiger Warenumschlagsplatz. Heute ist er hauptsächlich ein Fischereihafen.

UNTEN Der Hafen von Dingle kooperierte lange mit Spanien. Außerdem beherbergte er Fischereiflotten von vielen anderen Orten der Britischen Inseln. Sowohl Küstenboote von der Isle of Man als auch Trawler von Lowestoft legten dort an.

GEGENÜBERLIEGENDE SEITE Die westliche Spitze der Dingle-Halbinsel ist gleichzeitig der westlichste Teil des irischen Festlandes. Dahinter liegen die bis 1953 bewohnten Blasket Islands.

Grafschaft Kerry

GEGENÜBERLIEGENDE SEITE

False Bay

Das reichhaltige Angebot an Meeresfrüchten an der Westküste Irlands machte die Region Connemara in Galway zu einem attraktiven Siedlungsort für Menschen. Es wurden Belege für prähistorische Abfallhaufen gefunden, die aus der Mittelsteinzeit stammen oder sogar noch älter sind. Diese Abfallhaufen bestehen größtenteils aus Nahrungsresten wie beispielsweise Muschelschalen und sind oft auf Gezeitenfischerei zurückzuführen.

Grafschaft Galway

UNTEN

Tramore Beach

In Irland gibt es mehrere Küstengebiete mit dem Namen „Tramore", was im Gälischen soviel wie „großer Strand" bedeutet. Dieser hier abgebildete besonders große Strand befindet sich in der Grafschaft Donegal in der Nähe von Rossbeg, in einem Gebiet, das seit prähistorischen Zeiten bewohnt ist.

Grafschaft Donegal

FESTUNGEN, BURGEN UND LANDHÄUSER

Irland hat eine lange Geschichte des Befestigungsbaus, von Erd- und Holzfestungen bis hin zu komplexen Steinburgen. Einige wurden erbaut, um die Menschen vor den Invasoren zu schützen, andere, um die Invasoren vor den Menschen zu schützen, von denen sie glaubten, sie erobert zu haben. Wieder andere wurden angelegt, um das Territorium gegen Rivalen aus der näheren Umgebung zu verteidigen. Die einfachsten Befestigungsanlagen wurden normalerweise auf Hügeln oder Vorgebirgen errichtet, wobei Gräben gegraben wurden, um den Zugang zu erschweren. Die ausgehobene Erde wurde zu steilen Wällen angehäuft. Diese wurden oft mit Holzpalisaden gekrönt, die häufig auch entfernt werden konnten, wenn sie nicht benötigt wurden. Für Erdwallanlagen dieser Art wurde Gelände genutzt, das von Natur aus für Verteidigungszwecke geeignet war, wie z. B. am Ende eines steilen Kamms oder in der Nähe von Klippen. Dadurch wurden die erforderlichen Arbeiten deutlich reduziert und es war möglich, konzentrische Gräben mit dem gleichen Aufwand zu errichten, wie einen umlaufenden Graben auf niedrigerem Boden. Manchmal wurden vorhandene Steinmauern genutzt, um auf diese Weise eine Hügel- oder eine Klippenfestung zu schaffen. Vereinzelt wurden auch nahegelegene Felsbrocken in die Verteidigungslinien einbezogen.

Im Mittelalter waren Steinburgen zur Norm geworden. Die Entwicklung des Burgbaus fand damals ihren Höhepunkt, und selbst nach der Erfindung des Schießpulvers und von Artilleriegeschossen, die die Errichtung von Burgen obsolet erscheinen ließen, gab es immer noch Herrscher, die an deren Bau festhielten. Viele Burgen aus dieser Zeit wurden zu eleganten Herrenhäusern umgebaut oder im phantasievollen (pseudo-)mittelalterlichen Stil renoviert. Später entstandene Befestigungsanlagen existieren auch heute noch, besonders an den Küsten. Aussichtstürme und Artilleriefestungen, die in der napoleonischen Zeit vor einer Invasion schützen sollten, wurden manchmal noch lange nach dem Ende der Bedrohung als Militärkasernen genutzt.

GEGENÜBERLIEGENDE SEITE

Blarney Castle

Blarney Castle wurde Mitte des 14. Jahrhunderts an der Stelle einer früheren Festung erbaut und hat etliche Belagerungen überstanden. Im Laufe der Zeit ist es durch die Hände mehrerer Eigentümer gegangen. Der berühmte „Stein der Beredsamkeit" (Blarney-Stein) ist in die Wände eingearbeitet.

Grafschaft Cork

LINKS

Ross Castle

Wie viele Befestigungen des späten 15. Jahrhunderts hat Ross Castle die Form eines zentralen Turmhauses, das von einem befestigten Burghof, im Englischen *bawn* genannt, umgeben ist. Ursprünglich bezog sich das Wort *bawn* auf ein Viehgehege, das auch zu Verteidigungszwecken genutzt wurde und bezeichnete einen befestigten Bereich, der von einer Ringmauer mit Verstärkungstürmen umgeben war.

Killarney, Grafschaft Kerry

RECHTS

Fort Meagher

Nachdem sich die moderne „Schießpulverartillerie" durchgesetzt hatte, war eine vertikale Mauer einfach zu anfällig für Kanonenfeuer und die Kunst der Befestigung musste sich weiterentwickeln. Das in den 1860er-Jahren zur Verteidigung des Hafens von Cork erbaute Fort Meagher ist gut eingegraben, mit unterirdischen Gängen wie diesem.

Camden, Grafschaft Cork

UNTEN

Markree Castle

Markree Castle wurde im 14. Jahrhundert erbaut, um sich vor Angreifern, die den Fluss Unshin überquerten, zu schützen. Es wurde im 19. Jahrhundert umgebaut, wobei der Schwerpunkt eher auf Komfort als auf Verteidigung lag. Heute ist es ein Landhotel.

Grafschaft Sligo

GEGENÜBERLIEGENDE SEITE

Adare Manor

Das Adare Manor in der Grafschaft Limerick wurde ursprünglich im 17. Jahrhundert erbaut und im 19. Jahrhundert in seiner heutigen Form wieder aufgebaut. Auf dem Gelände gab es schon viel früher ein befestigtes Herrenhaus, wahrscheinlich aus dem 13. Jahrhundert.

Grafschaft Limerick

LINKS

Birr Castle

OBEN Wie viele Festungen wurde auch Birr Castle im Laufe der Zeit umgebaut, um das Leben in der Burg angenehmer zu machen. Während des 19. Jahrhunderts wurde es einer grundlegenden Überholung unterzogen, wobei gotische Details hinzugefügt wurden, wie es zu dieser Zeit in Mode war.

UNTEN Zu den Gärten von Birr Castle gehören heute auch ein Abenteuerspielplatz und ein dreistöckiges Baumhaus. Plattformen in den Bäumen sind durch Seilbrücken und Kletternetze verbunden. Die Burg ist auch für das einst größte Teleskop der Welt berühmt.

Grafschaft Offaly

GEGENÜBERLIEGENDE SEITE

Duckett's Grove House

Ursprünglich ein Georgianisches Herrenhaus, wurde Duckett's Grove House Anfang des 19. Jahrhunderts neu gestaltet, um pseudogotische Elemente hinzuzufügen. Die Zinnen waren zu keiner Zeit zur Verteidigung gedacht – solche Bestandteile waren seit Jahrhunderten veraltet –, sondern stellten in dieser Zeit eine beliebte Dekoration für Herrenhäuser dar.

Grafschaft Carlow

UNTEN

Duckett's Grove House

Das große Haus in Duckett's Grove verfiel zu Beginn des 20. Jahrhunderts zusehends. Vorausgegangen war ein langer Streit um das Erbe. Nach dem Tod William Ducketts im Jahr 1908 lebte Maria Georgina Duckett, seine zweite Ehefrau, alleine im Herrenhaus. Sie hatte den Kontakt zu ihrer einzigen Tochter und Williams Stieftochter Olive abgebrochen, weshalb diese auch später enterbt wurde. Anstatt eines Nachlasses in enormer Höhe bekam die Erbin nur einen Schilling, auch „wütender Schilling" genannt, ausgezahlt. Das Anwesen wurde schließlich vom Carlow County Council aufgekauft und in einen Park umgewandelt.

Grafschaft Carlow

RECHTS

Castle Roche

Der Legende nach bot die wohlhabende normannische Witwe Rohesia de Verdun in den 1230er-Jahren an, den Mann zu heiraten, der ihr ein geeignetes Schloss baute. Sie hielt ihr Wort, warf aber ihren neuen Ehemann in der Hochzeitsnacht aus dem Fenster.

Grafschaft Louth

GEGENÜBERLIEGENDE SEITE

Redwood Castle

Das Redwood Castle wurde um 1200 im typischen Turmhausstil von den Normannen erbaut und anschließend umgebaut und erweitert, bevor es im 17. Jahrhundert verfiel. Es wurde in den 1970er-Jahren renoviert und wird heute als Privathaus genutzt.

Grafschaft Tipperary

RECHTS

Dunluce Castle

Dunluce Castle wurde im 16. Jahrhundert erbaut. Zur Verteidigung wurden später die Schiffskanonen einer zerstörten spanischen Galeone eingesetzt. Im 17. Jahrhundert soll ein Teil der Burg ins Meer abgerutscht sein. Laut Legende stürzte die komplette Küche mitsamt Personal ins Wasser. Ob dies wirklich so geschehen ist, ist unsicher, da es Aufnahmen aus dem 19. Jahrhundert gibt, auf denen die Burg vollständig erhalten ist. Dennoch wurde sie Mitte des 17. Jahrhunderts aufgegeben. Sie ist heute eine der größten Ruinen einer mittelalterlichen Festung in Irland.

Grafschaft Antrim

GEGENÜBERLIEGENDE SEITE

Dunamase Castle

Der Felsen, auf dem Dunamase Castle gebaut ist, Dunamase Rock, ist ideal zur Verteidigung geeignet, da er 150 m aus der umliegenden Landschaft emporragt. Aus diesem Grund hatten sich bereits keltische Siedler darauf niedergelassen. Die erste Befestigungsanlage wurde wohl im 9. Jahrhundert erbaut, die heutige Steinburg am Ende des 11. Jahrhunderts. Ihr heutiger Zustand ist größtenteils das Ergebnis der Eroberung durch Oliver Cromwell und seine Streitkräfte im Jahr 1650.

Grafschaft Laois

RECHTS

Bunratty Castle

Bunratty Castle ist genau genommen das vierte Gebäude, das auf dem Gelände steht. Frühere Befestigungen wurden im Laufe der Jahrhunderte ersetzt oder durch Kriege zerstört. 1250 wurde die erste Holzfestung von dem Normannen Robert de Muscegros an der Stelle erbaut, an der früher ein Handelsplatz der Wikinger lag. Der letzte Bau wurde durch die Familie MacNamara abgeschlossen, auf die die heutige Architektur zurückzuführen ist.

Grafschaft Clare

UNTEN

Ballybunion Castle

Es ist nicht verwunderlich, dass an der Stelle des Ballybunion Castle in der Grafschaft Kerry früher eine Vorgebirgsfestung stand. So wird eine Landzunge genannt, die durch Steinhänge oder Erdwälle zu Verteidigungszwecken vom Festland abgetrennt wurde. Ballybunion Castle endet an den Klippen, die zusätzliche Sicherheit boten. Die heutigen Burgreste stammen ungefähr aus der Zeit um 1500.

Grafschaft Kerry

GEGENÜBERLIEGENDE SEITE

Ardmore

Obwohl im gotischen Stil gebaut, wurde dieser Wachturm in Ardmore erst um 1800 errichtet. Zu dieser Zeit war die größte Bedrohung eine Invasion aus Frankreich, das ein Reich aufbaute, das weite Teile Europas umspannte.

Grafschaft Waterford

GEGENÜBERLIEGENDE SEITE

Leamaneh Castle

Das Leamaneh Castle liegt am Rande des Burren, einer Karstlandschaft in der Grafschaft Clare, die zum Teil als Nationalpark ausgewiesen wurde. Der Burren-Nationalpark ist der kleinste der sechs Nationalparks Irlands. Die Burg wurde ursprünglich als großes fünfstöckiges Turmhaus erbaut. Es wurde später umgebaut und erweitert, um es bewohnbarer zu machen, Ende des 18. Jahrhunderts wurde es jedoch dem Verfall überlassen.

Grafschaft Clare

RECHTS

Rockfleet Castle

Das Rockfleet Castle liegt westlich von Newport an der schmalen Mündung eines Meeresarmes in der Clew Bay. Erbaut wurde es in der Mitte des 16. Jahrhunderts als Wohnturm. Darunter versteht man eine Kombination aus Wohn- und Wehrturm. Die berühmte irische Piratin Grace O'Malley, die auch „Piratenkönigin" genannt wird, soll hier eine Zeit lang gelebt haben und auch hier gestorben sein.

Grafschaft Mayo

UNTEN

Powerscourt Estate

In den 1730er-Jahren, als das Powerscourt Estate von einer Burg in ein Herrenhaus umgebaut wurde, war Verteidigung weniger wichtig als Prunk. Der Zugangsweg zum Anwesen wurde sorgfältig angelegt, um die größtmögliche Wirkung auf Besucher zu erzielen.

Grafschaft Wicklow

GEGENÜBERLIEGENDE SEITE

Trim Castle

Trim Castle wurde Ende des 11. Jahrhunderts erbaut, um einen Kreuzungspunkt am Fluss Boyne zu verteidigen. Es war später im Besitz von Richard von York und noch später von Sir Arthur Wellesley, Herzog von Wellington.

Grafschaft Meath

OBEN

Castletownshend Castle

Im 17. Jahrhundert waren traditionelle Burgen zwar überflüssig geworden, aber immer noch in Mode. Viele Eigentümer entschieden sich beim Bau für einen Stil, der an vergangene Zeiten erinnerte. Bei genauer Betrachtung kann die Mischung aus dekorativen und nichtfunktionalen Elementen zu Verwirrung führen.

Grafschaft Cork

UNTEN

Crom Castle

Die Earls of Erne erwarben 1609 das Gelände des heutigen Crom Castle. 1820 wurde an der Stelle des früheren Bauwerks die heutige Burg errichtet. Sie ist ein schönes Beispiel für den Viktorianischen Baustil, obwohl der Bau bereits kurz vor Königin Victorias Thronbesteigung abgeschlossen wurde.

Grafschaft Fermanagh

GEGENÜBERLIEGENDE SEITE

Johnstown Castle

Die Burg in Johnstown wurde ursprünglich Ende des 12. Jahrhunderts erbaut. Spätere Besitzer bauten die Verteidigungsanlage in ein komfortableres Heim um, das Mitte des 19. Jahrhunderts mit dekorativen Seen und Gärten umgeben wurde.

Grafschaft Wexford

UNTEN

Rock of Cashel

Der Rock of Cashel (irisch *Carraig Phádraig*), bei der gleichnamigen Stadt gelegen, ist ein geschichtsträchtiger Ort und heute ein Wahrzeichen. Im Altertum gingen die Menschen davon aus, dass dort Feen und Geister leben. Im 4. Jahrhundert wurde der Felsen vom Clan der Eoghanachta, den späteren MacCarthys, erobert und zum Sitz des Clans ausgebaut. Von da an war die Steinburg traditionell der Sitz der Könige von Munster. Das älteste erhaltene Bauwerk ist der runde Turm, der um 1100 gebaut wurde.

Grafschaft Tipperary

GEGENÜBERLIEGENDE SEITE

Lismore Castle

Die Kunst des Burgenbauens zeigt dieser Scharwachtturm – ein überhängender Turm – auf Lismore Castle. Ursprünglich dazu gedacht, eine Mauerecke vor Angriffen zu schützen, wurden diese Konstruktionen oft als dekoratives Element hinzugefügt, gerade weil sie schwer zu bauen waren.

Grafschaft Waterford

LINKS

Donegal Castle

Das Gelände des Donegal Castle an einer Biegung des Eske River wurde mindestens seit den Wikingerüberfällen in Irland als strategisch wichtig genug erachtet, um befestigt zu werden. Die heutige Burg wurde 1474 erbaut, erlitt jedoch bei verschiedenen Gelegenheiten schwere Schäden. Sie wurde im 17. Jahrhundert letztmalig renoviert und umgebaut, bevor sie verfiel.

Grafschaft Donegal

GEGENÜBERLIEGENDE SEITE

MacDermott's Castle

MacDermott's Castle wurde auf einer der vielen Inseln in Lough Key erbaut. Diese Inseln sollen sich gebildet haben, als dort ein mächtiger Druide namens Cé begraben wurde. Cé wurde im Kampf gegen das sagenhafte Volk der Fomorianer verwundet. Diese konnten schließlich besiegt und aus Irland vertrieben werden.

Grafschaft Roscommon

OBEN

Ballysaggartmore Towers

Die Ballysaggartmore-Türme wurden im frühen 19. Jahrhundert in der Nähe von Lismore in der Grafschaft Waterford erbaut und haben keine wirkliche Funktion. Sie dienen eher als Dekoration des Anwesens und dazu, Besucher zu beeindrucken. Die Pläne, ein Herrenhaus in ähnlichem Stil zu bauen, scheiterten offenbar an Geldmangel.

Grafschaft Waterford

UNTEN

Mallow Castle

Mallow Castle wurde im späten 16. Jahrhundert eher als Wohnhaus, denn als Festung erbaut. Dennoch wurde – wie bei vielen zeitgenössischen großen Häusern – viel Wert auf Verteidigungsvorrichtungen gelegt. Die Türme und Ecken ermöglichten es, potentielle Angreifer mit Schusswaffen zu attackieren, wenn sie sich der Burg näherten.

Grafschaft Cork

GEGENÜBERLIEGENDE SEITE

Desmond Castle

Desmond Castle liegt am Fluss Maguire in der Nähe von Adare. Erbaut im 12. Jahrhundert, wurde es von den Engländern während der „Desmond Rebellion" (1569–1573) erobert. Die Burg verfiel, bis 1996 ihre Restaurierung begann.

Grafschaft Cork

UNTEN

King John's Castle

Das Gelände von King John's Castle in Limerick wurde ab Beginn des 10. Jahrhunderts befestigt. Die Burg in ihrer heutigen Form wurde ab 1200 auf King's Island erbaut. Sie überstand eine Belagerung im Jahr 1642, wenn auch mit schweren Beschädigungen. Im Jahr 2011 wurden Renovierungsarbeiten veranlasst.

Grafschaft Limerick

GEGENÜBERLIEGENDE SEITE

Dunguaire Castle

Das Dunguaire Castle liegt in der Bucht von Galway in der Nähe von Kinvara. Es handelt sich um ein Turmhaus mit einer umlaufenden Schutzmauer. Sowohl das Haus als auch die Schutzmauern wurden bereits restauriert. Ursprünglich war es der Sitz der früheren Könige von Connaught.

Grafschaft Galway

OBEN

Puxley Manor

Das Puxley Manor wurde in der Nähe der Ruinen von Dunboy Castle erbaut, das 1602 von den Engländern eingenommen wurde. Hierbei wurden alle Bewohner hingerichtet. Daher hieß es, das neue Herrenhaus sei verflucht. 1920 wurde es von der IRA (Irish Republican Army) niedergebrannt. Es war ein Akt der Vergeltung, da Truppen der Krone zuvor Häuser zerstört hatten, in denen sich Männer und Waffen der IRA befanden. Einige Restaurierungsarbeiten wurden in den 2000er-Jahren fertiggestellt, aber finanzielle Probleme verhinderten den Umbau des Landhauses in ein Hotel und dessen Eröffnung.

Grafschaft Cork

UNTEN

Foulksrath Castle

Das Foulksrath Castle wurde im 14. Jahrhundert an der Stelle einer früheren Festung erbaut und ist ein fünfstöckiges anglonormannisches Turmhaus. Nach dem Verfall wurde das Schloss Mitte des 20. Jahrhunderts renoviert und diente zeitweise als Jugendherberge.

Grafschaft Kilkenny

GEGENÜBERLIEGENDE SEITE

Muckross House

Das Muckross House befindet sich im Killarney National Park und wurde zwischen 1839–1843 erbaut. In den folgenden Jahren wurden noch einige Ziergärten hinzugefügt. Diese wurden im darauffolgenden Jahrhundert modernisiert und existieren noch heute. Das Anwesen verfügt auch über ein Freilichtmuseum, das dem Landleben im Irland des frühen 20. Jahrhunderts gewidmet ist.

Grafschaft Kerry

Dublin Castle

Dort, wo heute das Dublin Castle steht, befand sich schon im 10. Jahrhundert eine Festung. Nachdem sie von den Normannen eingenommen worden war, bauten diese sie von 1204–1230 aus. Der bekannte Record Tower ist bis heute aus dieser Zeit erhalten geblieben. Im Laufe der Jahrhunderte wurde das Schloss immer wieder modernisiert und ausgebaut, wobei die meisten Konstruktionen aus dem 18. Jahrhundert stammen. Bis 1922 befand sich hier der Sitz der britischen Verwaltung von Irland. Die Repräsentationsräume „The State Apartments" werden noch heute bei offiziellen Anlässen, wie beispielsweise der Amtseinführung des irischen Präsidenten, genutzt. Die Abbildung zeigt den weitläufigen Innenhof des Schlosses.

Dublin

UNTEN

Ormond Castle

Ormond Castle wurde ursprünglich im Mittelalter erbaut. Es wurde aber nicht, wie damals üblich, als Festung konzipiert. Es war also nie für einen Verteidigungsfall gedacht, sondern als Wohnsitz. In den 1560er-Jahren ließ der 10. Earl of Ormond die mittelalterliche Burg durch einen Anbau erweitern. Der hier abgebildete Neubau wurde im damals neuen elisabethanischen Stil erbaut. Die Ruinen der mittelalterlichen Türme sind im Hintergrund der Abbildung zu erkennen. 1947 fiel das Herrenhaus an den irischen Staat und wurde aufwendig renoviert.

Grafschaft Tipperary

GEGENÜBERLIEGENDE SEITE

Belfast Castle

Das heutige Belfast Castle ist das dritte Schloss, das unter diesem Namen bekannt wurde. Das erste Schloss stammte aus dem 11. Jahrhundert. Über die Jahrhunderte war es so marode geworden, dass es 1610 komplett abgerissen und neu errichtet wurde. 1708 brannte das Schloss dann bis auf die Grundmauern nieder. Daraufhin wurde ein neues Belfast Castle gebaut, diesmal aber etwas außerhalb des Stadtzentrums. Fertiggestellt wurde es 1870. Die Außentreppe im Barockstil ließ im Jahr 1894 der Earl of Shaftesbury hinzufügen.

Grafschaft Antrim

HÜGEL UND BERGE

Das Terrain Zentralirlands ist größtenteils durch sumpfiges Tiefland geprägt, mit einigen Erhebungen. Obwohl es auf einer Insel keine riesigen Bergketten gibt, die es mit den Alpen oder den Rocky Mountains aufnehmen könnten, hat Irland doch auch seinen Anteil an Bergen. Der Höchste ist mit 1041 m der Carrauntuohill (irisch: *Corrán Tuathail*). Der Berg ist Teil der Macgillycuddy's Reeks, einem Gebirgszug in der Grafschaft Kerry. Die drei größten Berge Irlands sind alle Teil dieser Kette, die aus Sandstein, der von Gletschern geschliffen wurde, besteht. Die Westküste Irlands ist bekannt für ihre spektakulären Klippen, einschließlich der höchsten Europas. Diese befinden sich auf Achill, der größten der vielen vorgelagerten Inseln Irlands. Die Beschaffenheit der Landschaft hat viel mit dem darunter liegenden Felsen zu tun. Ursprünglich bestand Irland aus zwei Platten, die zusammendrifteten und vor etwa 440 Millionen Jahren kollidierten. Diese Kollision hat einige der irischen Berge, insbesondere die von Donegal, in die Höhe schießen lassen.

Die Bedingungen änderten sich im Laufe der Zeit und das heutige Irland lag für Millionen von Jahren unter Wasser. Infolgedessen ist das Gestein, auf dem Irland entstanden ist, unterschiedlich beschaffen. In einigen Gebieten gibt es Granitvorkommen und anderes Vulkangestein, in anderen findet man Kalkstein und Kreide.

Die Karstlandschaft der als „Burren" bekannten Region hat ihren eigenen einzigartigen Charakter. Die Landschaft ist sehr abwechslungsreich. In einigen Landstrichen lassen sich die Auswirkungen der letzten Eiszeit noch besonders gut erkennen. Durch Gletscherbewegungen wurden nicht nur steile Täler hervorgebracht, sondern auch Teile des Gesteins ausgehöhlt. Durch Schmelzen des Eises entstanden häufig Süßwasserseen, im Irischen *Lough* genannt. Das Wort bedeutet dasselbe wie das schottische *Loch* und kann auch einen Meeresarm, einen Fjord oder eine Bucht bezeichnen. Nicht alle dieser Seen bestehen also aus Süßwasser. Die meisten Loughs sind von steilwandigen Klippen umgeben.

GEGENÜBERLIEGENDE SEITE

Wicklow Mountains

Die Wicklow Mountains erstrecken sich über einen Großteil der Grafschaft Wicklow und auch noch in benachbarte Regionen hinein. Sie bestehen größtenteils aus Granit. Der Charakter der Region wurde durch die letzte Eiszeit geprägt. Heute ist sie ein Naturschutzgebiet.

Grafschaft Wicklow

OBEN

Schmalspurbahn

Die Museumsbahn „Giant's Causeway and Bushmills Railway" befährt ein Gleisbett, das ursprünglich für ein Straßenbahnsystem gedacht war. Es handelt sich um eine dampfbetriebene Schmalspurbahn, die den Zugang zum UNESCO-Welterbe am Giant's Causeway in der Grafschaft Antrim ermöglicht.

Grafschaft Antrim

UNTEN

Bog Village Museum

In ganz Irland war das Stechen von Torf für die Wirtschaft von wesentlicher Bedeutung. Das Moordorf in der Grafschaft Kerry zeigt eine Nachbildung des traditionellen Lebens im 19. Jahrhundert. Einige der Originalgebäude wurden an ihrem Ursprungsort ab- und an ihrem neuen Standort wieder aufgebaut.

Grafschaft Kerry

GEGENÜBERLIEGENDE SEITE

Mourne Mountains

Die Mourne Mountains sind eine Gebirgskette aus Granit, die als Gebiet von außergewöhnlicher natürlicher Schönheit gilt. Von einigen Gipfeln aus kann man sogar die Isle of Man und die Berge in England sehen. Das Gebirge und das umliegende Tiefland sind bei Wanderern und Naturliebhabern sehr beliebt.

Grafschaft Down

DIESE UND GEGENÜBERLIEGENDE SEITE

Mourne Mountains

LINKS *The Mountains of Mourne* ist ein beliebtes Lied, das im 19. Jahrhundert von Percy French geschrieben wurde. Es beschreibt das Leben in der Großstadt aus der Sicht eines irischen Emigranten, und vergleicht es mit dessen Heimat, wo sich die Berge bis zum Meer hinunterziehen. Das Lied wurde oft gecovert und auch in anderen Liedern zitiert.

GEGENÜBERLIEGENDE SEITE Der höchste Gipfel Nordirlands ist mit 849 m der Slieve Donard in den Mourne Mountains. Von seinem Gipfel aus kann man die Stadt Belfast sehen, die 50 km entfernt liegt. Ein Teil des Berges und der benachbarten Gebirge befindet sich im Besitz des National Trust und es gibt Anstrengungen, die Region in einen Nationalpark umzuwandeln. Dieser Wunsch wird allerdings erschwert, weil große Teile des vorgeschlagenen Parkgeländes in privatem Besitz sind.

Grafschaft Down

LINKS

Das Burren

Der Name Burren leitet sich vom irischen Wort *Boireann* ab, das soviel wie „großer Stein" bedeutet. Der Begriff ist sowohl eine Bezeichnung für die in der Abbildung gezeigte Region, als auch für einzigartige Karstlandschaften. Diese bilden sich durch die Einwirkung von Wasser auf lösliches Gestein wie Kalkstein oder Gips. Im Süden ist durch die Gletscheraktivitäten eine Bodenschicht entstanden, die stellenweise von Moosen, Flechten und Gräsern bedeckt ist.

Grafschaft Clare

UNTEN

Glencar Waterfall

Der nördlich von Glencar Lough gelegene Wasserfall wurde von William Butler Yeats (1865–1939) in seinem Gedicht *The Stolen Child* verewigt. Andere Wasserfälle in der Nähe, wie der wesentlich höhere Devil's Chimney, sind nicht ganz so romantisch.

Grafschaft Leitrim

DIESE UND GEGENÜBERLIEGENDE SEITE

Wicklow Mountains

UNTEN Der Wicklow Mountain National Park liegt südlich von Dublin und erstreckt sich über einen Großteil des Hochlands der Grafschaft Wicklow. Neben dem Schutz der Flora und Fauna der Region bietet der Park Bildungsaktivitäten an, einschließlich geführter Wanderungen, die die vielfältige Tierwelt der Region vorstellen.

RECHTS Das Hochland von Irland beherbergt viele zerstörte Gebäude, wie Überreste von Farmen, deren Besitzer in schwere Not geraten oder Opfer von Konflikten geworden sind. Viele befinden sich in der Nähe von Straßen oder Besucherzentren und können erkundet werden, andere sind so abgelegen, dass sie nur aus der Ferne betrachtet werden können.

Grafschaft Wicklow

LINKS

Derryveagh Mountains

Der Mount Errigal ist mit 751 m der höchste Berg in Donegal. Er wird vom Mackoght flankiert, der mit 555 m Höhe manchmal als „Little Errigal" bezeichnet wird. Beide sind Teil des Derryveagh-Gebirges, einer Region, die bei Wanderern und Kletterern beliebt ist. Das Gebirge nimmt eine große Fläche der Grafschaft ein, weshalb die Bevölkerungsdichte hier besonders niedrig ist.

Grafschaft Donegal

GEGENÜBERLIEGENDE SEITE OBEN

Croagh Patrick

Der Croagh Patrick ist ein 764 m hoher Berg und seit Jahrhunderten ein Wallfahrtsort zu Ehren von St. Patrick. Dieser soll der Legende nach im Jahr 441 auf den Berg gestiegen sein, dort 40 Tage lang gefastet und eine Kapelle erbaut haben. Außerdem soll er alle Schlangen aus Irland verscheucht haben, indem er eine Glocke den Berg hinabwarf.

Grafschaft Mayo

OBEN

Glenbarrow-Wasserfall

Der Glenbarrow-Wasserfall liegt in den Slieve Bloom Mountains, eine der ältesten Gebirgsketten Europas. Einst etwa 3700 m hoch, erodierten die Berge über die Jahrtausende hinweg und sind heute nicht höher als 500 m. Dies ist immer noch eine erstaunliche Höhe für das allgemein tief liegende Innere Irlands.

Grafschaft Laois

UNTEN

Union Wood

Irland war einst stark bewaldet, doch ein Großteil des Waldes wurde für Ackerland und andere Zwecke vom Menschen vereinnahmt. Die alten Laubwälder der Grafschaft Sligo sind bei Naturliebhabern sehr beliebt, zumal es hier zahlreiche gut markierte Wanderwege gibt.

Grafschaft Sligo

LINKS

Dark Hedges

Die Buchen der Dark Hedges wurden vor drei Jahrhunderten gepflanzt, um den Zugang zum Gracehill House zu säumen. Hier soll der Geist eines Dienstmädchens, der sogenannten Lady Grey, nachts umherwandern. Diese soll unter mysteriösen Umständen ums Leben gekommen und auf einem nahegelegenen Friedhof vergraben worden sein. Die Allee ist vermutlich die meistfotografierte der Welt, nicht zuletzt, weil sie als Schauplatz für die Kultserie *Game of Thrones* diente.

Grafschaft Antrim

GEGENÜBERLIEGENDE SEITE

Mount Errigal

Der höchste Gipfel des County Donegal ist Errigal, einer der „Sieben Schwestern", wie das Derryveagh-Gebirge regional genannt wird. Seine charakteristische Färbung verdankt er dem Quarzit, einem metamorphen Gestein aus Sandstein.

Grafschaft Donegal

UNTEN

Black Valley

Das Tal liegt am Kerry Way, einer beliebten Wander- und Radroute, die durch die Grafschaft Kerry führt. Er befindet sich in den Macgillycuddy's Reeks, der Bergkette, die alle Berge Irlands, die höher als 1000 m sind, umfasst.

Grafschaft Kerry

RECHTS

Tipperary Mountains

Die Grafschaft Tipperary ist nach ihrer Hauptstadt benannt, die im 12. Jahrhundert gegründet wurde. Ein Großteil der ländlichen Grafschaft ist von mehreren Gebirgszügen durchzogen. Die Umgebung des Flusses Suir, das sogenannte Golden Vale, ist für die Milchviehhaltung bekannt. Das Tal erstreckt sich über die Grenzen der Grafschaft hinaus.

Grafschaft Tipperary

GEGENÜBERLIEGENDE SEITE

Grafschaft Louth

Die Grafschaft ist die kleinste Irlands und nach dem keltischen Gott Lugh, der meist als Krieger oder König abgebildet wird, benannt. Im Laufe der Geschichte wurden dort zahlreiche Konflikte ausgetragen, von Wikingern, Normannen, Schotten und auch Engländern. Im Jahr 1690 fand hier die Schlacht am Boyne statt. Der ehemalige König von England, Jakob II. versuchte, mit Unterstützung von Franzosen und Iren, den englischen Thron zurückzuerobern. In der entscheidenden Schlacht konnte König Wilhelm III. seinen Rivalen besiegen und damit Irland zurückerobern und seinen Thron verteidigen.

Grafschaft Louth

UNTEN

Ring of Kerry

Der Ring of Kerry ist eine beliebte Küstenstraße um die Iveragh-Halbinsel im Südwesten der Grafschaft Kerry. Die 179 km lange Rundstrecke führt sowohl durch wilde Landschaften mit malerischen Ruinen als auch durch verschiedene Städte, beginnend mit Killarney. Die Felsinsel Skellig Michael ist ein beliebtes Ziel auf dieser Route. Wer lieber zu Fuß unterwegs ist, kann den Wanderweg Kerry Way als Alternative nutzen.

Grafschaft Kerry

GEGENÜBERLIEGENDE SEITE UND RECHTS OBEN

Skellig Michael Island

GEGENÜBERLIEGENDE SEITE Skellig Michael diente als Drehort für Szenen des Films *Star Wars: Das Erwachen der Macht*. Die Landschaft war perfekt geeignet, um das Seelenleben Luke Skywalkers atmosphärisch zu unterstreichen. Gleichzeitig spiegelte Skywalkers Wunsch nach Isolation den der realen mittelalterlichen Mönche wider. Inzwischen ist die früher fast unberührte Insel zum Touristenmagneten geworden, worunter auch die Natur leidet. Deshalb mussten viele Bereiche abgesperrt werden.

RECHTS OBEN Die beiden Skellig-Inseln, Little Skellig (auf dem Bild) und Skellig Michael, liegen vor der Iveragh-Halbinsel in der Grafschaft Kerry. Skellig Michael, auch Great Skellig genannt, ist schwer erreichbar, weshalb die Insel im Mittelalter als ein besonders geeigneter Ort für den Bau eines Klosters erschien. Im 7. Jahrhundert wurde dann das wahrscheinlich bekannteste Kloster Irlands dort gegründet. 1996 wurde die Insel auf die Liste des UNESCO-Weltkulturerbes gesetzt.

Grafschaft Kerry

RECHTS UNTEN

Bienenkorbhütten (Clocháns)

Der *Clochán* ist eine typisch keltische Konstruktion, die üblicherweise im Südwesten Irlands zu finden ist. Es handelt sich im Wesentlichen um eine bienenstockförmige Trockenbaukonstruktion mit einem Kragdach. Die charakteristische Form entsteht durch das parallele Aufeinanderschichten von Steinen ohne die Verwendung von Mörtel.

Skellig Michael Island, Grafschaft Kerry

GEGENÜBERLIEGENDE SEITE

St. Fiachra's Garden

Der japanische Garten des Irish National Stud enthält einen Bereich, der dem heiligen Fiachra, dem Schutzpatron der Gärten, gewidmet ist. Der Garten soll den natürlichen Gegebenheiten des 7. Jahrhunderts, in dem der Heilige gelebt hat, entsprechen. Neben einer Statue des Patrons befinden sich im Garten auch Nachbauten von Mönchszellen. Diese einzigartige Kombination lockt jährlich zahlreiche Besucher an.

Grafschaft Kildare

OBEN

Bogland

Die Grafschaft Offaly besteht größtenteils aus Mooren. Durch das Torf der Moore waren die Bewohner früher stets mit Brennstoff zum Kochen und mit Baumaterialien versorgt. Die Moore konservierten alles, was in ihnen versank, einschließlich dieser 5000 Jahre alten Bäume. Heute haben sich verschiedene Wirtschaftszweige in der Grafschaft angesiedelt. Neben Whiskeybrennerei und Textilindustrie ist die Landwirtschaft ein großer Wirtschaftsfaktor.

Grafschaft Offaly

UNTEN

Lough Corrib

Der Lough Corrib ist etwas weniger als halb so groß wie der Lough Neagh in Nordirland und mit 220 km^2 das größte Gewässer in der Republik Irland. Der erste Kanal Irlands wurde im 12. Jahrhundert gebaut und verband den Lough Corrib mit der Galway Bay.

Grafschaft Galway

GEGENÜBERLIEGENDE SEITE

Lough Corrib

Galway liegt an der Atlantikküste und bekommt demzufolge auch die rauen Atlantikstürme zu spüren. Durch den Ozean herrscht dennoch ein gemäßigtes Klima. Auch wenn die Winter manchmal sehr kalt sein können, ist es im Großen und Ganzen wettermäßig sehr angenehm in Galway.

Grafschaft Galway

UNTEN

Killarney National Park

Die drei Seen von Killarney – Muckross Lake, Lough Leane und Upper Lake – sind ein beliebtes Ausflugsziel im Killarney National Park. Der hier abgebildete Upper Lake ist der kleinste der drei Seen, die von der Bergkette Macgillycuddy's Reeks umgeben sind.

Grafschaft Kerry

GEGENÜBERLIEGENDE SEITE

Dun Eochla

Das steinerne Ringfort von Dun Eochla steht auf Inishmore, der größten der Aran-Inseln in der Galway Bay. Das Fort wurde um 550–800 n. Chr. in Trockensteinbauweise erbaut. Auf den Aran-Inseln findet man mehrere ähnliche Befestigungsanlagen, von denen nachweislich einige bereits 1000 v. Chr. errichtet worden sind.

Grafschaft Galway

UNTEN

Clifden

Die Stadt Clifden gilt als inoffizielle Hauptstadt von Connemara, einer Kulturregion in der Grafschaft Galway. Das bestehende Fischerdorf wurde Anfang des 19. Jahrhunderts von der Familie D'Arcy, deren Anwesen sich in der Nähe befand, zu einer wichtigen lokalen Hafenstadt ausgebaut. Heute ist der Tourismus der wichtigste Wirtschaftszweig.

Grafschaft Galway

GEGENÜBERLIEGENDE SEITE

Ländliche Impressionen

Der Killarney-Nationalpark in der Grafschaft Kerry beheimatet den einzigen Rotwildbestand auf dem irischen Festland und weist den größten Anteil an einheimischen Wäldern auf. Seit 1981 ist der Nationalpark ein UNESCO-Biosphärenreservat und beherbergt mehrere Naturschutzprojekte.

Grafschaft Kerry

RECHTS

Torc Waterfall

In der Nähe des Muckross Lake, dem tiefsten See in Irland, liegt der Torc Waterfall am Fuße des Torc Mountain. *Torc* ist das irische Wort für Eber. Der Legende nach hat der Held Fionn mac Cumhail an diesem Berghang einen magischen Eber getötet. Der sehenswerte Wasserfall befindet sich inmitten des Killarney National Park und ist ein beliebter Zwischenstopp auf den bekannten Wander- und Autorouten, die durch Kerry führen.

Killarney National Park, Grafschaft Kerry

GEGENÜBERLIEGENDE SEITE

Derryclare Lough

Derryclare Lough liegt südlich des Twelve-Bens-Gebirges und ist ein Süßwassersee, der für seine Fischerei bekannt ist. Die nähere Umgebung ist berühmt für transatlantische Premieren: In der Stadt Clifden war die Station des europäischen Endes von Marconis drahtlosem Telegrafen, und im Jahr 1919 landeten Alcock und Brown bei ihrer Atlantiküberquerung in einem nahe gelegenen Moor.

Grafschaft Galway

UNTEN

Ben Bulben

In der irischen Legende sann der Held Fionn mac Cumhail nach Rache an dem Krieger Diarmuid, der mit Fionns zukünftiger Frau Grainne davongelaufen war. Fionn Mac Cumhail brachte Diarmuid dazu, gegen einen verzauberten Eber am Ben Bulben zu kämpfen. Er verlor den Kampf und wurde getötet.

Grafschaft Sligo

GEGENÜBERLIEGENDE SEITE

Gipfel des Ben Bulben

Der Ben Bulben ist 527 m hoch und ein Tafelberg, also ein Berg mit Hochebene. Die Höhen des Ben-Bulben-Gebirges bilden eine einzigartige Umgebung, in der eiszeitliche Pflanzen überlebt haben. Irlands einziger bekannter Bestand an Kalk-Sandkraut befindet sich dort.

Grafschaft Sligo

OBEN

Gweedore

Viele Gebiete Irlands sind dafür bekannt, dass sie die traditionelle irische Kultur und Sprache beibehalten. Gweedore an der Küste der Grafschaft Donegal ist vielleicht das berühmteste von ihnen. *Gaoth Dobhair*, um den traditionellen irischen Namen zu verwenden, ist eher eine Gemeinde als eine einzelne Stadt oder ein einzelnes Dorf und umfasst ausgedehnte Gebiete offener Landschaft. Offiziell gilt sie als die größte irischsprachige Gemeinde.

Grafschaft Donegal

UNTEN

Beara-Halbinsel

Die Beara-Halbinsel liegt zum einen Teil in der Grafschaft Kerry und zum anderen Teil in der Grafschaft Cork und besteht aus zwei Gebirgszügen: dem Slieve Miskish und den Caha Mountains. Die Berge, von denen keiner höher als 500 m ist, bestehen aus Sandstein und die keilförmige Halbinsel ist nur wenig bewaldet. Die auf Beara gelegene Stadt Castletownbere besitzt den zweitgrößten Naturhafen der Welt, nach dem von Sydney in Australien.

Südwestirland

UNTEN

Galtee Mountains

Die charakterische Form der Galtee Mountains ist auf ihre Höhe zurückzuführen. Als höchstes Binnengebirge Irlands befanden sich die Gipfel der Galtees während der Eiszeit über den vereisten Gletschern und waren somit der natürlichen Verwitterung ausgesetzt. Aus dem Wechsel zwischen Frost und Tau entstanden die abgerundeten steinigen Gipfel mit Geröll, wie man sie heute kennt. Die unteren Hänge dahingegen wurden durch Gletscherwirkung gestaltet.

Südirland

GEGENÜBERLIEGENDE SEITE

Slieve League Cliffs

Mit einer Höhe von über 600 m gehören die Klippen der Slieve League zu den höchsten in Europa. Anfang des 19. Jahrhunderts wurde dort ein Wachturm errichtet, um vor einer möglichen französischen Invasion zu warnen. Lange davor war der Ort ein religiöses Zentrum, möglicherweise bereits vor dem Christentum. Die Überreste einer Kapelle und die Ruine einer Bienenkorbhütte, die dokumentieren, dass Slieve League einst eine religiöse Stätte war, kann man dort heute noch besichtigen.

Grafschaft Donegal

LINKS

Lough Leane

Lough Leane, der größte und nördlichste der drei Seen im Killarney-Nationalpark, liegt im Schatten des Gebirges Macgillycuddy Reeks. Im See liegen viele Inseln und der Fluss Laune fließt von dort in die Dingle Bay.

Grafschaft Kerry

UNTEN

Diarmuid und Grainnes Höhle

Wie viele natürliche Schutzräume ist auch dieses Höhlensystem in der Grafschaft Sligo mit der tragischen Geschichte von Diarmuid und Grainne verbunden, die von Fionn mac Cumhail quer durch Irland verfolgt wurden. Die Höhlen haben sich vor Jahrtausenden unter Wasser geformt, liegen aber heute über dem Meeresspiegel.

Grafschaft Sligo

GEGENÜBERLIEGENDE SEITE

Belfast Hills

Die Belfast Hills liegen in der Nähe der Hauptstadt Nordirlands und umfassen Divis, Black Mountain und Cavehill. Die Region ist beliebt bei Wanderern und Naturliebhabern und bietet einen spektakulären Blick auf die umliegenden Seen und Berge.

Nordirland

UNTEN

Blue Stack Mountains

Mit ihrem höchsten Gipfel, dem Croaghgorm (*blue stack* = „blauer Stapel"), trennen die Blue Stack Mountains den südlichen Teil der Grafschaft Donegal vom Norden. Wie in vielen abgelegenen Gebieten sind die Überreste verlassener Wirtschaftsgebäude in der Landschaft verstreut, oft weit entfernt von anderen Wohngebieten.

Grafschaft Donegal

UNTEN

Doo Lough

Doo Lough gehört zu einer Reihe von Seen, die in den Killary Harbour, den einzigen Fjord Irlands, abfließen. Er zeigt die Spuren einer Gletscherlandschaft, die auch den Fjord geschaffen hat.

Grafschaft Mayo

GEGENÜBERLIEGENDE SEITE

Lough Tay

Das Cloghoge Valley beheimatet den Lough Tay und den Lough Dan. Ein Großteil des umliegenden Landes ist privat, aber der Wicklow Way, ein Fernwanderweg, der die Städte Dublin und Clonegal verbindet, verläuft in der Nähe. Der Zugang zum Lough Dan ist über den Wicklow-Mountains-Nationalpark möglich.

Grafschaft Wicklow

RELIGIÖSE ORTE

Bevor das Christentum Irland erreichte, war der keltische Glaube weit verbreitet. Mit ihren Geschichten über Helden, Monster und übernatürliche Wesen übte diese lebendige Religion noch lange nach der Christianisierung einen starken Einfluss auf die Kultur des irischen Volkes aus.

St. Patrick wird zugeschrieben, das Christentum nach Irland gebracht zu haben. Er wanderte durch das Land und predigte zu jedem, der ihm zuhören wollte. Außerdem überredete er die Herrscher, Kirchen zu bauen, und ernannte Geistliche, um sie zu leiten. Folglich war er bis zu seinem Tod, mutmaßlich am 17. März 461, für die Gründung von zahlreichen Schulen, Klöstern und Kirchen im ganzen Land verantwortlich. Das irische Christentum wurde deutlich vom keltischen Glauben und dessen Traditionen beeinflusst. Auch wenn Missionare aus Irland von der Verbreitung der christlichen Botschaft begeistert waren, war diese nicht ganz dieselbe, wie diejenige, die aus Rom kam, wo das Christentum sehr steif und streng praktiziert wurde. Das keltische Christentum war etwas lebendiger und hat viele heidnische Elemente in seine Kunst aufgenommen. Im Gegenzug nahmen einige traditionelle Volksmärchen eine christliche Note an, mit Bischöfen und Heiligen anstelle von mythischen Helden.

Irische Missionare verbreiteten das Christentum in England, Schottland und darüber hinaus, sogar bis nach Island. Als die norwegischen Wikinger in Island ankamen, sollen sie dort eine Gemeinschaft irischer Mönche vorgefunden haben. Als die Normannen dann nach Irland kamen, beeinflussten sie die sich entwickelnde religiöse Landschaft mit ihrem eigenen Glauben. Das heutige Irland ist überwiegend christlich orientiert – wenn auch mit Meinungsverschiedenheiten über die Herangehensweise –, erkennt aber auch andere Religionen an und garantiert allen Glaubensrichtungen die Religionsfreiheit.

GEGENÜBERLIEGENDE SEITE

Quin Abbey

Die Quin Abbey wurde Anfang des 14. Jahrhunderts auf den Ruinen einer Burg erbaut, die wiederum auf einem ehemaligen Kloster erbaut war, und gehörte dem Franziskanerorden. Es wurde 1650 von Oliver Cromwells Streitkräften weitgehend zerstört und nur teilweise wieder aufgebaut.

Grafschaft Clare

LINKS

St. Gobban's Church

Die winzige St. Gobban's Church in Portbraddan war von ihrem Bau in den 1950er-Jahren bis zu ihrem Abriss im Jahr 2017 die kleinste Kirche in Irland. Es gab viele Debatten darüber, ob es sich um eine „richtige" Kirche handelte, aber es war ein beliebter Ort für Hochzeiten und andere religiöse Veranstaltungen.

Grafschaft Antrim

RECHTS

Ennis

Die Kreisstadt Ennis ist seit mindestens 1240 ein wichtiges religiöses Zentrum. Zu dieser Zeit gab der König von Munster, Donnchadh O'Brien, den Bau einer großen Kirche in Auftrag. Später wurde sie vom Franziskanerorden übernommen, aber im Zuge der religiösen Konflikte im 16. Jahrhundert aufgelöst.

Grafschaft Clare

GEGENÜBERLIEGENDE SEITE

Dunlewey Church

Am Fuße des Mount Errigal in der Grafschaft Donegal liegt das Poisoned Glen, das „vergiftete Tal", das als letzter Ruheplatz des giftigen Auges des Fomorianers Balor gilt. Die in den 1850er-Jahren geweihte Dunlewey Church überblickt diese Schlucht. In den letzten Jahren wurde die Kirche restauriert.

Grafschaft Donegal

LINKS

Poulnabrone Dolmen

Der Dolmen in Poulnabrone ist ein Megalithgrab, das aus der Jungsteinzeit um 3600 v. Chr. stammt. Bei Ausgrabungen in den 1980er-Jahren wurden Überreste von über zwanzig Bestattungen gefunden. Auch Werkzeuge und Töpferwaren wurden dabei entdeckt.

Grafschaft Clare

GEGENÜBERLIEGENDE SEITE

Clonmacnoise

Das Kloster in Clonmacnoise wurde in den 540er-Jahren von St. Ciarán gegründet. In seiner langen Geschichte war es sowohl ein Lernzentrum als auch eine Grabstätte für die irischen Hochkönige. Der Verfall des Klosters begann in den 1550er-Jahren, als es von englischen Truppen zerstört wurde.

Grafschaft Offaly

GEGENÜBERLIEGENDE SEITE

Kylemore Abbey

Kylemore Castle wurde 1867 von Mitchell Henry als Geschenk für seine Frau erbaut. Neben dem Schloss ließ Henry einen ummauerten Garten im Viktorianischen Stil und viele Spazierwege auf dem 13 000 Hektar großen Grundstück bauen. 1920 kauften die irischen Benediktinerinnen das Schloss und das umliegende Land und nutzten es als Abtei.

Grafschaft Galway

UNTEN

Bective Abbey

Bective Abbey wurde im Jahr 1147 gegründet und war eines der ersten Zisterzienserklöster in Irland. Es wude über die Jahrhunderte immer wieder aus- und umgebaut. Nachdem die Abtei der Auflösung der englischen Klöster während der englischen Reformation im 16. Jahrhundert zum Opfer gefallen war, sollte es zunächst als Herrenhaus genutzt werden, wurde aber kurz darauf dem Verfall überlassen. Vom ursprünglichen Bauwerk sind an der heutigen Ruine keine Überreste mehr zu erkennen.

Grafschaft Meath

LINKS

Kathedrale von Galway

Der Bau der Kathedrale von Galway begann 1958 und wurde 1965 fertiggestellt. Sie gehört somit zu den jüngsten Kathedralen in Europa. Sie steht am Ufer des Corrib River auf einer Stelle, an der sich einst das Stadtgefängnis befand.

Stadt Galway

RECHTS

Glendalough

Der Legende nach wurde das keltische Kreuz von St. Patrick erfunden, der das christliche Kreuz mit einem Kreis kombinierte, der entweder die Sonne oder den Mond darstellen soll. Beide wurden von den Heiden verehrt. St. Patrick wollte damit entweder die Heiden für sich gewinnen oder die Vorherrschaft seiner Kirche über das Heidentum demonstrieren.

Grafschaft Wicklow

DIESE UND GEGENÜBERLIEGENDE SEITE

Glendalough

Glendalough wird auch das „Tal der zwei Seen" genannt. Ursprünglich gab es dort nur einen See, der schließlich durch Sedimente, die vom Fluss mitgetragen wurden und sich angesammelt hatten, aufgeteilt wurde. Am unteren See entstand eine der bekanntesten Klosterstädte Irlands. Im 6. Jahrhundert wurde diese von St. Kevin gegründet und über die Jahre immer weiter ausgebaut. Viele neue Gebäude wurden errichtet, unter ihnen der imposante Rundturm mit einer Höhe von ca. 30 m. Dieser wurde zum Schutz der kostbaren religiösen Artefakte vor feindlichen Angriffen gebaut. Dennoch wurde die Siedlung bei einem Überfall im Jahr 1398 weitestgehend zerstört. Den Rundturm jedoch kann man noch heute bewundern.

Grafschaft Wicklow

LINKS

Skellig Michael

Skellig Michael war Heimat einer Gemeinschaft von nicht mehr als einem Dutzend Mönchen. Ein Grund, warum die *Clocháns*, die Bienenkorbhütten, so gut erhalten sind, ist die Unzugänglichkeit der Insel, die nur über eine lange Treppe ohne Geländer erreichbar ist.

Grafschaft Kerry

UNTEN

Caldragh Cemetery

Auf dem Friedhof von Caldragh auf Boa Island stehen zwei Steinfiguren, die häufig als Janusfiguren bezeichnet werden. Es ist jedoch viel wahrscheinlicher, dass diese Statuen eine keltische Gottheit darstellen sollen. Was die Figuren aber mit dem römischen Janus gemeinsam haben, sind ihre jeweils zwei Gesichter.

Grafschaft Fermanagh

RECHTS

Friedhof von Kilcatherine

Die zerstörte Kirche von Kilcatherine in der Coulagh Bay stammt aus dem 7. Jahrhundert. Sie ist nach St. Caithighearn benannt, die maßgeblich dazu beigetragen hat, das Christentum in der Region zu verbreiten. St. Caithighearn wird aus nicht näher bekannten Gründen manchmal auch als „Katzengöttin" bezeichnet.

Grafschaft Cork

UNTEN

Newgrange

Das Grab in Newgrange stammt aus der Zeit um 3200 v. Chr. und wurde somit während der Jungsteinzeit errichtet. Dieser Hügel, der überwiegend aus Stein und Gras besteht, wird auch als „Passage Tomb" (Ganggrab) bezeichnet. Charakteristisch dafür sind die Kammern, die vom Hauptgang abgehen. Der Gang dieses Grabhügels ist über 20 m lang und der Komplex hat insgesamt einen Durchmesser von ca. 90 m. Das Dach hat eine Öffnung, sodass zur Wintersonnenwende das Innere der Anlage bei Sonnenaufgang von Licht durchflutet wird.

County Meath

GEGENÜBERLIEGENDE SEITE

Claregalway Abbey

Die Franziskanerabtei in Claregalway wurde um 1250 gegründet, fiel jedoch Mitte des 16. Jahrhunderts einem Konflikt zum Opfer. Eine Zeit lang wurde es von englischen Truppen als Kaserne genutzt und dabei nicht sonderlich pfleglich behandelt. Obwohl die Mönche schließlich zurückkehrten, konnten sie die entstandenen Schäden an den Gebäuden nicht reparieren.

Grafschaft Galway

UNTEN

Ballybunion

Seit etwa einem Jahrhundert ist das Gebiet von Ballybunion für seine Golfplätze bekannt. Auch in der Geschichte der Eisenbahn spielte der Ort eine wichtige Rolle, da hier die erste kommerziell genutzte Einschienenbahn verkehrte. Die Region ist jedoch schon weitaus länger bevölkert, mit einer langen Tradition von Opfern an den keltischen Gott Manannan und mit christlichen Kirchen aus neuerer Zeit.

Grafschaft Kerry

LINKS UND GEGENÜBERLIEGENDE SEITE OBEN

St. Patrick's Cathedral

LINKS Dublin ist insofern ungewöhnlich, als es zwei Kathedralen hat. Die Christ Church Cathedral ist Sitz des Erzbischofs von Dublin, während St. Patrick's die nationale Kathedrale für die gesamte Nation ist. Sie wurde 1191 gegründet und wird nach wie vor für nationale Zeremonien sowie für lokale Gottesdienste verwendet.

GEGENÜBERLIEGENDE SEITE OBEN In der St. Patrick's Cathedral befinden sich über 200 Denkmäler verschiedenster Art: einfache Tafeln, kunstvolle Glasmalereien und Statuen. Die älteste Statue ist ein Steinbildnis des ersten Erzbischofs von Dublin, Fulk de Sandford, und stammt aus dem späten 13. Jahrhundert. Viele der Statuen sind zum Gedenken an religiöse Persönlichkeiten, Schriftsteller und Akademiker errichtet worden.

Dublin

UNTEN

Boyle Abbey

UNTEN LINKS Boyle Abbey wurde 1161 als Tochterhaus des Zisterzienserklosters Mellifont Abbey gegründet. Das Kloster wurde nach dem klassischen Grundriss anderer Zisterzienserklöster erbaut. Im Jahr 1220 fertiggestellt, begann es zunächst zu florieren. Einige Jahre später wurde das Kloster überfallen und große Teile wurden zerstört. Nach dem Wiederaufbau lebten dort Mönche bis ins 16. Jahrhundert.

UNTEN RECHTS Wie die meisten religiösen Gebäude seiner Zeit war die Boyle Abbey mit geschnitzten Darstellungen von Königen, Heiligen und gelegentlich grausam anmutenden Wasserspeiern geschmückt. Hergestellt wurden diese Figuren wahrscheinlich von einheimischen Handwerkern, auch wenn sie europäische und englische Einflüsse aufweisen.

Grafschaft Roscommon

GEGENÜBERLIEGENDE SEITE

Keltisches Kreuz

Die genaue Bedeutung des keltischen Kreuzes wird bis heute diskutiert. Einige glauben, es symbolisiere den Triumph des Christentums über das Heidentum, andere, dass es die Verschmelzung der beiden darstelle. Dann gibt es noch diejenigen, die es in einem allgemeineren Kontext verstehen, nämlich als Repräsentation eines Landes zwischen alten Traditionen und mystischen Geheimnissen.

Grafschaft Sligo

OBEN

Inishmurray Island

Bis in die 1940er-Jahre war Inishmurray Island von ein paar Dutzend Menschen bewohnt. Sie verdienten ihren Lebensunterhalt mit Fischfang, dem Sammeln von Algen und der Herstellung von Porteen, einer Art Whiskey. Dann verließen die Bewohner die Insel und zogen aufs Festland. Einst befand sich auf Inishmurray Island ein Kloster, das im 6. Jahrhundert gegründet wurde, jedoch im Jahr 807 von Wikingern überfallen wurde.

Grafschaft Sligo

UNTEN

Slane Abbey

Die Stadt Slane ist seit der Jungsteinzeit bewohnt. Vom Hill of Slane kann man auf den Hill of Tara blicken, wo sich der Sitz des Hochkönigs befand. Der Legende nach entzündete St. Patrick bei Slane das erste Osterfeuer, trotz eines Edikts, das nur zeremonielle Feuer erlaubte.

Grafschaft Meath

GEGENÜBERLIEGENDE SEITE

Steinkreis von Drombeg

Der Steinkreis bei Drombeg stammt wahrscheinlich aus der Bronzezeit, 1500–500 v. Chr. Der Kreis selbst besteht aus siebzehn Steinen, von denen einer ein Altarstein zu sein scheint. Dieser ist so ausgerichtet, dass zur Wintersonnenwende das letzte Sonnenlicht des Tages auf ihn fällt. Unweit des Steinkreises, ca. 40 m entfernt, wurden Überreste zweier Rundhütten bei Grabungen gefunden. Sie stammen vermutlich aus dem 5. Jahrhundert n. Chr. und es wird vermutet, dass diese Hütten Teil einer Wohnsiedlung waren.

Grafschaft Cork

OBEN

Muckross Abbey

Die 1448 gegründete Franziskanerabtei in Muckross, das in der Nähe von Killarney liegt, hat eine bewegte Geschichte. Sie wurde an der Stelle eines früheren Klosters gegründet, das wahrscheinlich aus dem 6. Jahrhundert stammt. Muckross Abbey wurde des Öfteren überfallen und später von Oliver Cromwells Streitkräften angegriffen, die die Mönche aus dem Kloster vertrieben.

Grafschaft Kerry

UNTEN

Gougane Barra

Gougane Barra wurde im 6. Jahrhundert von St. Finbarr als Klosterstätte gegründet und ist nach wie vor ein Wallfahrtsort und ein beliebter Ort für Hochzeiten. Die heutige Kapelle wurde Ende des 19. Jahrhunderts erbaut.

Grafschaft Cork

GEGENÜBERLIEGENDE SEITE

Rosserk Abbey

Über die Geschichte der Rosserk Abbey ist wenig bekannt. Bereits im Jahr 1198 soll an dieser Stelle eine Kirche existiert haben. Laut historischen Dokumenten war Rosserk Abbey schon 1441 in Betrieb. Gegründet wurde das Kloster von den Terziaren des Franziskanerordens. Im Zuge der Reformation wurde es Mitte des 16. Jahrhunderts aufgelöst.

Grafschaft Mayo

RECHTS

Ballintoy Church

Die Kirche in Ballintoy wurde 1813 fertiggestellt und ersetzte ein Bauwerk aus dem frühen 17. Jahrhundert. Die älteste bekannte Aufzeichnung der vorherigen Kirche stammt aus dem Jahr 1635. Es ist jedoch möglich, dass schon vorher eine Kirche an derselben Stelle gestanden hat.

Grafschaft Antrim

STÄDTE UND GEMEINDEN

Am Ende der letzten Eiszeit war Irland durch Landbrücken mit dem britischen Festland und mit Europa verbunden. Als sich die Eisdecke zurückzog und das Land sich erwärmte, begannen die Menschen gegen 7000 v. Chr., in das neue Gebiet einzuwandern. Es ist wissenschaftlich nicht belegt, wann genau die ersten Menschen das heutige Irland betraten. Aller Wahrscheinlichkeit nach kamen von Zeit zu Zeit kleine Gruppen, die zunächst nur wenige Spuren hinterließen. Die Landbrücken wurden schließlich von steigenden Meeresspiegeln überschwemmt und in den darauffolgenden Jahrtausenden zogen die Menschen auf der Suche nach Nahrung weiter – zum Jagen in den Wäldern oder zur Muschelsuche an den Stränden. Die Landwirtschaft verbreitete sich gegen 6500 v. Chr. und der Aufstieg der Bronzeverarbeitung erfolgte um 2500 v. Chr. Die Bauerngemeinschaften waren im Allgemeinen klein, aber es gab eine allmähliche Abwanderung in Dörfer und schließlich in Städte. Viele der wichtigsten Siedlungen Irlands haben ihren Ursprung in einer alten Marktstadt, einem Metallbearbeitungszentrum oder einem Hafen. Siedlungen, die von nordischen und später von anglonormannischen Invasoren errichtet wurden, überlebten auch bis in die Neuzeit und wurden in einem Prozess, der nicht frei von Konflikten war, Teil der irischen Gesellschaft. Viele dieser Städte waren immer wieder Schauplatz von Kämpfen und Belagerungen. Einige erhielten im Laufe der Zeit Mauern und Burgen, manche Kathedralen und große Regierungsgebäude. Später kamen Bahnhöfe und Industriezentren dazu. Dabei könnte das Muster der modernen Straßen jemandem, der vor 2000 Jahren an derselben Stelle gelebt hat, seltsam vertraut vorkommen. Die kontinuierliche Entwicklung der irischen Städte hat nämlich dafür gesorgt, dass viele der ursprünglichen Siedlungsmuster erhalten blieben.

GEGENÜBERLIEGENDE SEITE

Queen's University Belfast

Die Queen's University Belfast wurde im Jahr 1845 als Queen's College Belfast gegründet. Vier Jahre später wurde die Universität, deren Wurzeln bis ins Jahr 1810 zurückreichen, eröffnet. Der Hauptcampus konzentriert sich auf das hier gezeigte Lanyon-Gebäude, mit zugehörigen Colleges an anderen Orten der Stadt.

Belfast

GEGENÜBERLIEGENDE SEITE

Limerick

Die am Fluss Shannon gelegene Stadt Limerick ist eine der größten in Irland. King's Island, wo sich der zentrale Teil der Stadt befindet, ist bekanntermaßen seit den 800er-Jahren bewohnt und war möglicherweise schon lange vorher besiedelt.

Grafschaft Limerick

OBEN

Bishop Gate

Das Bishop Gate war eines der vier ursprünglichen Stadttore von Londonderry neben dem Butcher Gate, dem Ferryquay Gate und dem Shipquay Gate. Es hat zwei Steinköpfe, von denen einer nach innen und einer nach außen blickt. Die Köpfe symbolisieren die beiden Flüsse Boyne und Foyle.

Londonderry

UNTEN

Crane Street

Dublin ist eine alte Stadt, die offiziell 988 gegründet wurde, aber bereits in einer Schrift aus dem Jahr 140 unter dem Namen Eblana Erwähnung fand. Spuren seiner langen Geschichte findet man in Form von alten Gebäuden, gepflasterten Straßen und gelegentlich auftauchenden Pferdefuhrwerken.

Dublin

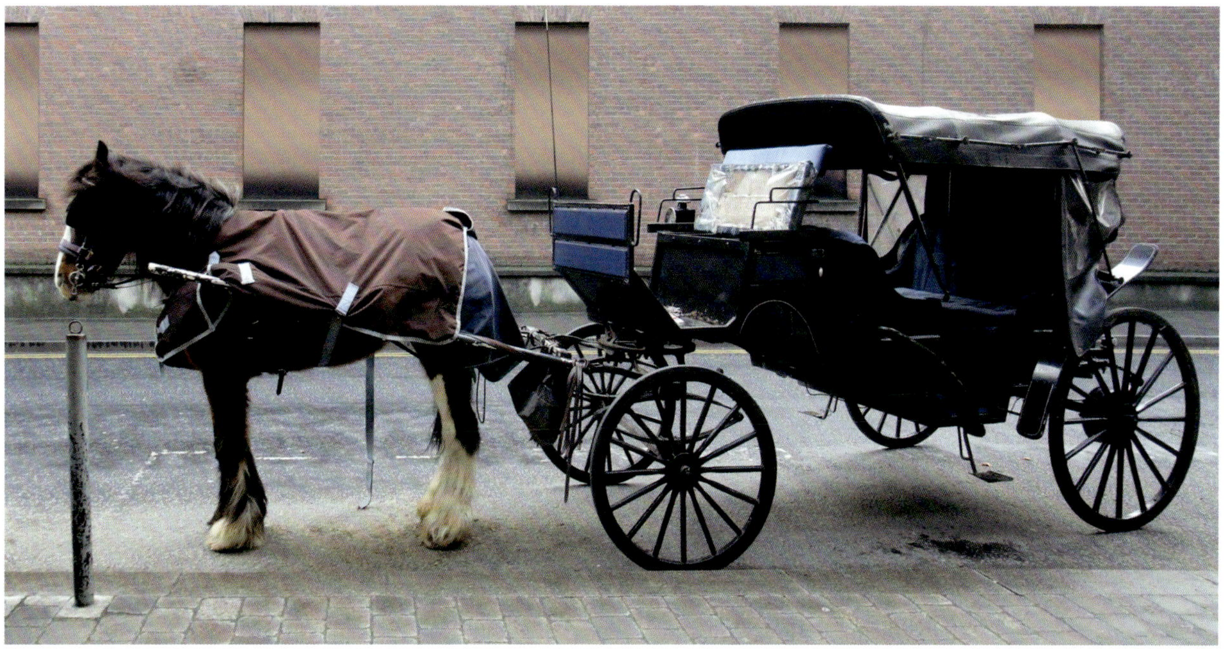

GEGENÜBERLIEGENDE SEITE

Sandymount Station

Die Entwicklung der Eisenbahnen hatte enorme wirtschaftliche und soziale Auswirkungen und ermöglichte ein bisher nicht vorhandenes Maß an Mobilität. Viele moderne Eisenbahnlinien folgen dem Weg der ursprünglichen Gleise, die im frühen „Dampfzeitalter" angelegt wurden.

Dublin

UNTEN

Belfast

Die seit der Bronzezeit besiedelte Stadt Belfast wuchs als Hafenstadt am Fluss Lagan heran. Im 17. und 18. Jahrhundert entwickelte sie sich rasant zu einer Großstadt, vor allem aufgrund ihrer riesigen Leinenindustrie, die ihre Waren über den Hafen exportierte.

Nordirland

GEGENÜBERLIEGENDE SEITE

Galway

Wie viele Küstenstädte entwickelte sich Galway zu einer Hafenstadt, deren Seehafen große Flotten von Fischereifahrzeugen wie die Galway Hooker beheimatet. Heute fertigt der Hafen große Handelsschiffe ab sowie Kreuzfahrtschiffe und eine Vielzahl kleinerer Schiffe.

Grafschaft Galway

UNTEN

Bachelors Walk

Dublin liegt am Unterlauf des Flusses Liffey, der in den Wicklow Mountains entspringt. Der Bachelors Walk ist eine Kaistraße, die der Legende nach eine beliebte Promenade für die Junggesellen *(bachelors)* der Stadt war. Die Realität ist weniger spektakulär: Die Straße wurde nach einem Bauträger benannt.

Dublin

LINKS

Waterford Walls

Das Waterford-Walls-Projekt ist eine groß angelegte Kunstausstellung. Die Stadtmauern, einschließlich der Wände verfallener Gebäude, die sonst ein unschöner Anblick wären, werden für die großformatigen Kunstwerke genutzt. Wenn die Straßenkünstler ihre Kunstwerke erschaffen, gibt es zeitgleich ein Kulturfestival mit Musik, Workshops und Essen.

Waterford

GEGENÜBERLIEGENDE SEITE

The Four Courts

Das Four Courts liegt in Dublin am Ufer des Flusses Liffey und ist nach seiner ursprünglichen Funktion benannt: Es ist das wichtigste Gerichtsgebäude Irlands. Heute haben der Supreme Court, der High Court und der Central Criminal Court hier ihren Sitz. Das Geäude wurde zu Beginn des 20. Jahrhunderts im Bürgerkrieg schwer beschädigt, aber anschließend wieder aufgebaut.

Dublin

LINKS

Trinity College

Das 1592 gegründete Trinity College sollte das erste der Colleges der Universität von Dublin sein, obwohl es letztendlich das einzige blieb. Viele Gebäude der Universität stammen aus einem Erweiterungsprogramm im 18. Jahrhundert.

Dublin

OBEN

The Guildhall

Nachdem das vorherige Gildenhaus aus dem 18. Jahrhundert durch ein Feuer zerstört worden war, wurde 1887 das neue Rathaus von Londonderry errichtet. Es wurde im damals beliebten neugotischen Stil erbaut und erst kürzlich renoviert, um die Glasmalerei und das Mauerwerk wiederherzustellen.

Londonderry

UNTEN

Fleadh Cheoil

Das Fleadh Cheoil ist das nationale Musikfestival für traditionelle Volksmusik. Qualifikationsrunden finden an vielen Orten statt – in diesem Fall in Sligo – und das Finale wird jedes Jahr an einem anderen Ort veranstaltet. Das Finale umfasst Paraden und Konzerte sowie die Wettbewerbe.

Sligo

OBEN

Ha'penny Bridge

Die 1816 eröffnete Ha'penny Bridge war die erste Fußgängerbrücke, die über den Fluss Liffey führte. Sie ist 43 m lang und verbindet den Stadtteil Temple Bar mit dem Bachelor's Walk. Der Name Ha'penny leitet sich von der Fußgängermaut ab, die für die Überquerung erhoben wurde. Diese war genauso hoch wie die Kosten für die Flussfähren, die durch die Brücke überflüssig wurden.

Dublin

UNTEN

North Earl Street

Die North Earl Street ist Teil eines der wichtigsten Einkaufsviertel Dublins. Hier sind mehrere Straßen nach Henry Moore, Earl of Drogheda, benannt, der für einen Großteil der Entwicklung in diesem Gebiet verantwortlich war. Eine Besonderheit der North Earl Street ist eine Statue des Autors James Joyce.

Dublin

GEGENÜBERLIEGENDE SEITE

River Lee

Die Stadt Cork liegt am River Lee, mit dem Stadtzentrum auf einer Insel zwischen zwei Armen des Flusses. Flussaufwärts befindet sich ein Wasserkraftprojekt, flussabwärts liegt Cork Harbour, wo wahrscheinlich die Städtebildung während der Wikingerzeit begann.

Cork

UNTEN

River Foyle

Der Bahnhof Londonderry ist allgemein als Waterside Station bekannt, da er am Ufer des Flusses Foyle liegt. Die starke Strömung des Foyle macht den Bau von Brücken zu einer besonderen Herausforderung.

Londonderry

GEGENÜBERLIEGENDE SEITE

Peace Bridge

Die 2011 eröffnete Peace Bridge („Friedensbrücke“) ist eine von drei Brücken über den Fluss Foyle in Londonderry. Sie erstreckt sich über die Eisenbahnschienen in der Nähe der Waterside Station und ist Teil eines Projektes, das die Beziehung zwischen den Bewohnern der Stadtteile verbessern soll. Zwischen ihnen besteht schon seit langer Zeit ein politischer Konflikt.

Londonderry

LAGANSIDE BUSCENTRE

LINKS

Lagan Bridge

Im Laufe der Jahre wurden verschiedene Pläne fur neue Brücken über den Fluss Lagan vorgelegt, aber erst 2015 wurde die neue Fußgänger- und Fahrradbrücke am Lagan-Wehr eröffnet. Die Beacon-of Hope-Statue am Ufer des Lagan wurde 2007 errichtet.

Belfast

OBEN

St George's Market

Der St George's Market wurde in den 1890er-Jahren erbaut und ist heute der älteste seiner Art, der kontinuierlich in Betrieb war. Zentralisierte Einkaufsviertel dieser Art repräsentierten zu dieser Zeit einen sozialen Wandel und können in gewisser Weise mit modernen Supermärkten verglichen werden.

Belfast

UNTEN

Alter Obstmarkt

Der alte Obstmarkt wurde 1892 eröffnet, um die Vereinzelung kleiner privater Märkte in der Region zu unterbinden. Der Stadtrat war über die Qualität und Sauberkeit der verkauften Waren besorgt. Auch sollten faire Preise und die Abführung korrekter Steuern sichergestellt werden.

Dublin

LINKS

Georgianischer Stil

Viele Gebäude in der Stadt Dublin stammen aus der georgianischen Zeit, sprich dem 18. und frühen 19. Jahrhundert. Kennzeichen des damaligen Stils sind die traditionellen Backsteinkonstruktionen, die Symmetrie, die allgemeine Eleganz sowie die beeindruckende Haltbarkeit. Ein Großteil dieser Häuser hat neuere Bauweisen überdauert.

Dublin

GEGENÜBERLIEGENDE SEITE

O'Connell Street

Dublins Hauptverkehrsstraße, die O'Connell Street, existierte schon im 17. Jahrhundert. Damals hieß sie Drogheda Street und war wesentlich schmaler. Im 18. Jahrhundert wurde die Straße erweitert und in Sackville Street umbenannt. In den 1920er-Jahren erhielt sie ihren heutigen Namen zu Ehren von Daniel O'Connell, einem Nationalisten des frühen 19. Jahrhunderts. Eine Statue von ihm befindet sich am südlichen Ende der Straße.

Dublin

BURGER KING
HICKEYS PHARMACY

GEGENÜBERLIEGENDE SEITE

Daly's Bridge

Die Daly's Bridge erhielt ihren Namen zu Ehren eines lokalen Geschäftsmanns, der sich an den Baukosten beteiligt hat. Die Fußgängerbrücke wird aufgrund ihrer Reaktion auf schnelle Bewegungen von den Einheimischen auch Shaky Bridge, also „wackelige Brücke", genannt. Sie ist die einzige Hängebrücke über den Fluss Lee in Cork.

Cork

UNTEN

Samuel Beckett Bridge

Die Samuel Beckett Bridge erinnert an eine Harfe. Sie kann bewegt werden, damit große Schiffe, die auf dem Fluss Liffey verkehren, vorbeifahren können. Sie wurde 2009 im Rahmen eines Stadterneuerungsprogramms eröffnet und nach dem Nobelpreisträger Samuel Beckett benannt.

Dublin

DIESE SEITE

Irish Pubs

In den letzten Jahren haben immer mehr Menschen Irlands Städte besucht, um das Bier zu probieren und die Atmosphäre einer irischen Bar zu genießen. Ein Abend im Pub muss schon etwas ganz Besonderes sein, gelingt es doch, Leute aus verschiedensten Ländern zu versammeln.

GEGENÜBERLIEGENDE SEITE

Historischer Irish Pub

Der „traditionelle Irish Pub“ ist eine kulturelle und soziale Institution, die sich auf der ganzen Welt verbreitet hat. Einige der Pubs in Irland sind selbst im wahrsten Sinne des Wortes traditionell – sie haben sich seit Jahrzehnten oder sogar Jahrhunderten nicht verändert.

LINKS

The English Market

Der englische Markt im Zentrum von Cork wurde Mitte des 19. Jahrhunderts an der Stelle eines früheren Marktes aus dem Jahr 1788 errichtet. Das Gebäude ist ein schönes Beispiel für den Viktorianischen Baustil.

Cork

GEGENÜBERLIEGENDE SEITE

The Old Library

Mit der Gründung des Trinity Colleges 1592 entstand auch die Universitätsbibliothek. Das Bibliotheksgebäude der Old Library wurde zwischen 1712 und 1732 errichtet. Später wurde die Bibliothek eine „Copyright Library", die jeweils ein Pflichtexemplar aller veröffentlichter Bücher Irlands und des Vereinigten Königreichs enthält. So ist es Autoren und Verlegern möglich, das Urheberrecht zu belegen. Die Universitätsbibliothek ist auch im Besitz des „Book of Kells", ein reich illustriertes, mittelalterliches Manuskript.

Trinity College, Dublin

LINKS

Titanic Museum

Das Titanic Museum wurde auf dem Gelände der ehemaligen Werften Harland und Wolff errichtet und erzählt die Geschichte der dort gebauten großen Kreuzfahrtschiffe, einschließlich der tragischen Jungfernfahrt der *Titanic*.

Belfast

GEGENÜBERLIEGENDE SEITE
LINKS OBEN

Belfast Wheel

Das 2007 aufgestellte transportable Riesenrad sollte zunächst nur für sechs Monate stehenbleiben. Es war allerdings so populär, dass es bis 2010 bleiben durfte, obwohl es wegen seiner Lage in der Nähe des Titanic-Denkmals kritisiert wurde.

Belfast

RECHTS OBEN

Temple Bar

Der Temple Bar Pub ist einer von unzähligen im Viertel Temple Bar in Dublin, das für sein buntes Nachtleben bekannt ist. Ein Großteil des Landes in der unmittelbaren Umgebung wurde im 18. Jahrhundert dem Fluss Liffey abgewonnen, einschließlich des Gebiets des heutigen Wellington Quay, der Anfang des 19. Jahrhunderts erbaut wurde.

Dublin

UNTEN

Kinsale

Mit seinem Hafen an der Südküste Irlands war Kinsale eine nachvollziehbare Wahl für die Landung der spanischen Truppen, die vorhatten, England anzugreifen. Nachdem die Truppe besiegt war, wurde ein Fort gebaut, um weiteren Landungen vorzubeugen. Heute ist die Stadt vor allem für die Fischerei und ihren Yachthafen bekannt.

Grafschaft Cork

LINKS

River Liffey Islandbridge

Das Lachsfischen ist am Liffey sowie an vielen anderen Flüssen in Irland beliebt. Die Islandbridge, nach der dieses Gebiet benannt ist, war das Ergebnis des Baus eines Mühlkanals, bei dem eine künstliche Insel entstand.

Dublin

GEGENÜBERLIEGENDE SEITE

Famine Memorial

Statuen am Custom House Quay in Dublin erinnern an die große Hungersnot von 1845 bis 1849, die u. a. durch den Ausfall der Kartoffelernte entstanden war. Verursacht wurden diese Missernten durch die Kartoffelfäule. Rund eine Million Menschen starben und viele weitere wanderten auf der Suche nach Arbeit ins Ausland aus.

Dublin

GEGENÜBERLIEGENDE SEITE

Queen's University

Das Hauptgebäude der Queen's University wurde von Charles Lanyon mit dem Ziel entworfen, alle zu beeindrucken, die sich ihm näherten. Es standen aber nicht genügend Mittel zur Verfügung, um die Rückseite mit dem gleichen Standard fertigzustellen. Lanyon entwarf auch die Universitätsbibliothek und übernahm den späteren Ausbau.

Belfast

RECHTS

Botanischer Garten

Der Botanische Garten befindet sich in der Nähe der Queen's University und existiert seit 1828, wurde aber erst 1895 vollständig der Öffentlichkeit zugänglich gemacht. Wie die nahe gelegene Universität wurden die Gärten vom Architekten Charles Lanyon im 19. Jahrhundert entworfen.

Belfast

DIESE SEITE

Guinness-Brauerei

Innerhalb der Brauerei St. James Gate befindet sich das Guinness Storehouse, das ursprünglich eine Fermentierungsanlage war. Heute ist es ein Besucherzentrum und ein Museum für die Geschichte der Guinness-Herstellung, während die Produktion an anderer Stelle auf dem Gelände fortgesetzt wird.

Dublin

GEGENÜBERLIEGENDE SEITE OBEN

The U2 Wall (Windmill Lane Studios)

Die Windmill Lane Studios sind als das Tonstudio bekannt, in dem die Band *U2* ihre frühen Songs aufnahm. Das Studio war hier von 1978 bis 1988 in Betrieb, bevor es an einen anderen Ort verlegt wurde. Das ursprüngliche Gelände wurde 2015 abgerissen. Ein Teil der „U2 Wall" mit seinen Fan-Graffitis erinnert daran.

Dublin

UNTEN LINKS

Graffiti

Die Meinungen darüber, ob Graffiti Kunst ist oder nicht, sind zwar geteilt, aber es erfordert sicherlich künstlerisches Talent, um ein solches zu schaffen. Die Bilder werden manchmal mit lokaler Kultur oder mit bestimmten Personen in Verbindung gebracht.

UNTEN RECHTS

The Big Fish

Diese Skulptur, die auch „Salmon of Knowledge", also „Lachs des Wissens", genannt wird, steht am Ufer des Lagan in Belfast. Jede seiner Schuppen enthält Informationen über die Stadt und ihre Geschichte.

Belfast

OBEN

Galway Hooker

Der Galway Hooker ist ein traditionelles Segelboot, das mit der Gegend um Galway verbunden ist. Das Design zeigt viele Einflüsse aus Übersee, wurde aber zu einer Bootsform weiterentwickelt, die an die Bedingungen um die Galway Bay angepasst ist. Charakteristisch ist der Rumpf mit nach innen geneigten Seitenwänden, der sich zur Wasserlinie verbreitert, einschließlich eines scharf geschnittenen Bugs.

Galway

UNTEN

Poolbeg Lighthouse

Der Poolbeg-Leuchtturm wurde 1768 erbaut und seine Beleuchtung 1786 von Kerzen auf Öl umgestellt. 1820 wurde der Leuchtturm umgebaut und erweitert. Er ist einer von drei Leuchttürmen in der Dublin Bay und steht auf der Great South Wall, eine der längsten Hafenmauern Europas.

Dublin

GEGENÜBERLIEGENDE SEITE

Blennerville Windmill

Die Blennerville-Windmühle wurde 1800 erbaut und ist die einzige noch aktive Windmühle in Irland. Sie verfiel Ende des 19. Jahrhunderts, wurde jedoch gegen Ende des 20. Jahrhunderts restauriert. Heute wird sie nicht nur gewerblich genutzt, sondern ist auch eine Touristenattraktion.

Grafschaft Kerry

GEGENÜBERLIEGENDE SEITE

Victoria Square Shopping Centre

Die Glaskuppel des Victoria-Square-Einkaufszentrums hat einen Durchmesser von 35 m und ist hoch genug, um einen Rundumblick auf die Stadt zu ermöglichen. Das Einkaufszentrum wurde 2008 im Rahmen eines Stadterneuerungsprogramms eröffnet.

Belfast

RECHTS

Dublin City Hall

Das zwischen 1769 und 1779 erbaute Dubliner Rathaus sollte ursprünglich eine offene Decke haben. Bedenken hinsichtlich des Wetters führten zu einem überarbeiteten Design mit einer Kuppel aus Buntglas. Das in die Jahre gekommene Bauwerk wurde von 1998 bis 2000 grundlegend renoviert.

Dublin

REGISTER

Erstveröffentlichung unter dem Titel:
„Ireland"

Genehmigte Lizenzausgabe:
tosa GmbH
Industriestraße 19
64407 Fränkisch-Crumbach 2021
www.tosa-verlag.de

Projektleitung: Sarah Uttridge
Design: Jerry Williams
Bildrecherche: Terry Forshaw, Justin Willsdon

Übersetzung: design cat GmbH
Layout, Satz und Umschlaggestaltung:
design cat GmbH

ISBN 978-3-86313-352-8

Bildnachweis:

Alamy: AMC 123; Anne-Marie Palmer 159; B O´Kane 188; Bernard Dunne 137; Blickwinkel/ RuS Hoffmann 69; Blickwinkel/ McPhoto/ OPR 73; Bottom left 174; Brian Jannsen 47, 72; Craige Bevil 93; Clearview 130; Cool Riff 164; David Lyons 86 128, 145; De Luan 43; Dennis Frates 42, 46; Deadlyphoto.com 164; DMc Photography 27, 124; Dovybaur 166; Design Pics 82, 180; Eduardo Blanco 178; Eye Ubiquitous/ Hugh Rooney 75; George Munday 78; Hemis/ Walter 136; Holger Burmeister 51; Ian Dagnall 44-45, 139; Ian G Dagnall 181; Image Broker/ Martin Siepmann 70, 72, 140; John Gollop 141; Jon Arnold Images/ Doug Pearson 40; Jon Sparks 184; Martin Siepmann 113, 145, 149; Paul Mayall Ireland 76; Peter McCabe 126; Peter Oshkai 145; Phil Crean A 189; Radharc Images/ Joe Fox Liverpool 152; Rafal Rozalski 16; Reallifephotos 163; Scenicireland.com/ Christopher Hill 98, 112; Stephen Smith 48, 49; Steppenwolf 147; Tim Graham 174; Vander Wolf Images 100

Alamy/ Gareth McCormack: 48, 50, 83, 121, 122 ,127, 131, 140, 146, 147, 150, 151

Dreamstime: Airi Pung 156; Anna & Piotr 87; Arsty 179; Attila Jandi 155; Ballybunion 143; Ben Krut 157; Brain Jannsen 167, 168; Chon Kit Leong 175; Ciola 174; Daniel M Cisilino 90, 135; Donald Fink 144; Gary Stanex 185; Gazzag 185, 186; Grafxart 12; Hatbak 28; Jacek Kodaj 63; Janmiko1 38; Julian Dewert 110; Kevin George 163; Leonid Andronov 90; Littleny 154; Madrugadaverde 162; Michael Harper 179; Micheal Walsh 52, 171, 172; Miruna Nicoleswcu 170; Misa Maric 173; Navorolphotography 87; Pajda83 130, 187; Paul Brady 119; Paul Lindsey 169; Paul Mayall Ireland 169; Phil Crean A 160; Pierre Leclerc 120; Prillfoto 155; Slim79 14; Smolnickaquienquiera 133; Steve Allen 119; Steve Uttley 36; Thomasamm 19; Tomasz Skoczen 26; Vander Wolf Image 184; Veronikak 183; Zastavkin 182

Fotolia: Kwiatek7 24; PCW 161

Shutterstock: alexilena 22, 117, 121; Andrzej Bartyzel 78; Arvydas Kniuksta 77; Bartlomiej Rybacki 116; DAJ Holmes 67; David OBrien 149; Daniel OBrien Photography 2, 96; David Ortega Baglietto 35; David Soanes 95; drakkArts Photography 36, 61, 92; EML 23 109; EyesTravelling 54, 105; Evgeny Butusov 99; gabriel12 114, 176; GIGASHOTS 56, 64, 97; Greg Fellmann 109; Hugh O'Connor 20; ianmitchinson 118; inalex 59, 60, 134; Jeanrenaud Photography 148; Julian Dewert 125; Jrossphoto 13, 71; Kanuman 106; Kelleher Photography 58; Kevin George 39; ledokolua 115; Leo Pinheiro 41; Libor Klimek 8; Logan Brown 18; LOUIS-MICHEL DESERT 37; Luca Fabbian 14; Lukas Bischoff Photograph 4; Lyd Photography 74, 131; Madrugada Verde 5; Maria_Janus 9, 10, 68, 98; Mark Carthy 94, 99; matthi 40, 81; Matthias Joekel 107; Michal Ficel 108; Mike-Hubert.com 91; morrison 66; Patrick Mangan 101; Patryk Kosmider 17, 29, 30, 57, 65, 79, 80, 82, 132; Pavel_Voitukovic 31, 104; Pecold 141; Peter Krocka 15; Richardzz 158, 186; ROUSSELLE Xavier 138; RR Photo 88; SAKhanPhotography 85; ShaunTurner 33; shutterupeire 12, 107; Stefano_Valeri 41; Stefano Viola Cover; STLJB 177; Tom Whelton 55; Tyler W. Stipp 179